Economía 3.0

Desde el trueque hasta las finanzas descentralizadas

Una guía para entender los fallos del sistema monetario y la alternativa de las criptomonedas

ISBN 9798712398577

Diseño portada: Alanne Lucena de Brito
Ilustraciones: Alanne Lucena de Brito
Diagramación: Alanne Lucena de Brito

www.laneartdesign.com

Producción editorial: Borja Ruiz Reverter
borjaruizreverter@protonmail.com

CircesCharms.zil

Los encantos de Circe (lbry.tv)

Economia3.0 ESP (lbry.tv)

Segunda Edición (Actualizada)
Versión impresa - Paraíba, Brasil, Febrero 2021

Economía 3.0

El gran desarrollo digital, junto con la brillante innovación de la descentralización introducida por el Bitcoin, está formando una revolución con el potencial de cambiar el paradigma económico contemporáneo. Un nuevo paradigma donde los usuarios no son más objetos y sí sujetos, que participan y colaboran, todos dentro de una misma red. Esta es la nueva economía, la economía 3.0. ¡Comprenda los engranajes de esta revolución y se prepare para surfear esta ola!

PREFACIO

Toda revolución está asociada a una burbuja financiera. Ocurrió con las compañías ferroviarias durante la revolución industrial en la llamada *railway mania*, sucedió con internet durante la burbuja de las puntocom, y también está sucediendo recientemente con las criptomonedas.

La formación de estas burbujas generalmente atrae a muchos inversionistas que no entienden ni se importan con la tecnología porque solo ingresan al mercado con la intención de ganar dinero rápidamente.

El propósito de este libro no es hacer que el lector gane dinero y sí conocimiento. La intención es ofrecer educación financiera para que, una vez que el lector perciba la fría y cruda realidad que tiene delante, tome sus decisiones por sí mismo. Este conocimiento se torna vital dentro del tenso contexto económico que vivimos. Un conocimiento, el cual difícilmente sería adquirido por las vías tradicionales: televisión, radio, prensa o enseñanza pública.

La primera y más importante criptomoneda, el Bitcoin, nace como discordia al sistema monetario contemporáneo. Este libro viene para entender el por qué. Para eso, es necesario conocer en profundidad nuestro sistema monetario, desde su nacimiento, hasta lo que se tornó hoy en día. Para tal propósito, necesitaremos usar algunos conceptos de economía, los cuales se estudiarán en el capítulo I, pero lo serán desde una perspectiva un tanto peculiar. A continuación, durante los capítulos II, III y IV, se revisará la historia del dinero para comprender cómo fue montado el sistema financiero y monetario contemporáneo. Esta revisión histórica también será útil para comprender cómo las innovaciones surgen naturalmente, para así satisfacer la demanda de los consumidores, y también cómo estas son finalmente controladas por el poder central, poseedor del monopolio de la fuerza.

Finalmente, una vez entendido el contexto económico actual, ya durante el capítulo V analizaremos las características de la criptomoneda más importante: el Bitcoin, y cómo nuevas plataformas como Ethereum, perfectas para la creación de protocolos descentralizados, han surgido en los últimos años a partir del Bitcoin. Con eso esperamos demostrar cómo las criptomonedas representan una seria alternativa al sistema monetario y financiero actual. Un sistema cada vez más controlador y en el que cada vez hay menos confianza depositada.

AGRADECIMIENTOS

Mi pasión por las criptomonedas no es por causa del dinero. Mi pasión por las criptomonedas es por causa de la libertad. La libertad es la esencia del Bitcoin. Su corazón es la libre competencia, que late con cada bloque minado. Una libertad que no solo está en su funcionamiento, sino también en su nacimiento. Bitcoin nació, de hecho, como un desafío al sistema; un sistema dominado por poderes centrales. Bitcoin es un grito a la libertad. Por sus venas fluye la sangre de todos aquellos que lucharon por esa libertad y que acabaron perseguidos, encarcelados, asesinados, difamados, desacreditados o desterrados por representar una amenaza al sistema. Mis agradecimientos van a todos ellos que, en su difícil y frustrante lucha, lograron plantar pequeñas semillas que germinaron en las siguientes generaciones. Semillas que, ahora, años, décadas o siglos después, dan origen a libros como este.

"Puedes matar a un hombre, pero no puedes matar una idea." Sófocles

Mucho de lo que aprendí se lo debo a personas visionarias, que ciertamente fueron, o todavía son, injustamente ignoradas y ridiculizadas por el simple hecho de tener opiniones e ideas diferentes de la corriente *mainstream*. Irónicamente, es justamente en las ideas diferentes donde se encuentra la mayor fuente de información y, por eso, tengo que agredecer a personas como Ray Dalio, Raoul Pal, Philipp Bagus, Mario Innecco, Simon Dixon, Mike Maloney, Peter Schiff, Jim Rickards, Richard Werner, Max Kaiser, Sven Henrich, Ben Rickert, Saifedean Ammous, Fernando Ulrich, Richard Rytenband, Tavi Costa, Leandro Ruschel, Rodrigo Constantino, Peter Turguniev, Dâniel Fraga, Guilherme Rennó, Helio Beltrão, Raphael Lima, Avelino Morganti, Fausto Botelho, Raphael Figueredo, Jesús Huerta de Soto, Juan Ramon Rallo, Daniel Lacalle, Ivan Liljeqvist, Alex Saunders, Chris Blec, Ryan Sean Adams, David Hoffman, Camila Russo, Vitalik Buterin, Dan Held, Jimmy Song, Andreas Antonopoulos y otros tantos que infelizmente olvidaré.

También, agradezco a algunos individuos o colectivos como Satoshi Nakamoto, Cypherpunks, Real Vision Finance, Max Keiser, Bankless, Maneco64, Instituto Mises, Mises Capital, Instituto Juan de Mariana, Visão libertária, Ancapsu, Ideias Radicais, Bitconheiros, Criptomaniacos, Aantonop, Economic Pills, The Plain Bagel, ZeroHedge, Chris Blec on Defi, Ivan on Tech, Sunny Decree, The moon, Ethereum, Baseline Protocol, ChainLinkGod y DefiDad.

"Se he conseguido ver lejos fue porque subí a hombros de gigantes." Isaac Newton

EPÍLOGO

Mi interés por la economía, además de la influencia de mi padre, director de una sucursal bancaria, probablemente vino a raíz de la crisis de las *subprimes* o hipotecas basura, la cual afectó profundamente la España de mi juventud. La economía española había crecido considerablemente en las décadas de los 80 y 90. El turismo y la construcción eran los motores del país. La adopción del euro en 2002 facilitó el comercio con el resto de Europa y trajo una mayor estabilidad económica. El ímpetu económico fue tan grande que se discutía si España debería formar parte del G7 en lugar de Italia. Nadie dudaba de que esto no sucedería antes de 2010. Internacionalmente España era conocida por su milagro económico. Sin embargo, en 2008 llegó la crisis de las *subprimes*. Todo ese frenesí económico se fue por el desagüe en cuestión de meses. Padres de familias perdieron sus empleos, sus hogares e incluso acabaron con deudas hipotecarias. El desempleo juvenil se disparó hasta el 50%. El país, que meses antes era el ejemplo a seguir a nivel mundial, se convirtió en un caos económico.

A partir de entonces, España nunca volvió a ser lo que era. Las cifras de desempleo fueron maquilladas: la gente que no buscaba trabajo, por haber perdido la esperanza, dejó de contabilizarse, lo que forzaba una falsa sensación de mejora sin ningún sentido; la realidad estaba en las calles. La España de mi juventud se había convertido de repente en un país sin futuro; un país que perdía a sus jóvenes. La mayoría de mis amigos cualificados y muchos otros conocidos terminaron emigrando. Yo mismo sufrí esa realidad, pues terminé emigrando a Brasil.

Efectivamente, la crisis de las *subprimes* hizo que muchas familias perdieran todo o casi todo: sus casas, sus empleos e incluso la proximidad de sus hijos. La crisis marcó mi vida y la de muchos otros. En aquel momento muchas preguntas surgieron. ¿Por qué todo cambió tanto y tan rápido? ¿Cómo se originó esa crisis? ¿Por qué una crisis que estalló en los Estados Unidos acabó afectando tanto a España? ¿Cómo un país que parecía el espejo del mundo se convirtió de repente en un clamoroso fracaso?

Sin embargo, en aquel momento no tenía respuestas ni tiempo para encontrarlas. Mi objetivo era otro: terminar mi doctorado, encontrar un trabajo y dedicarme a estudiar esos asuntos cuando pudiese en el futuro. Ese futuro ha llegado y ahora me siento humildemente capaz de escribir sobre muchas de las cosas que aprendí en el camino.

Este libro está dedicado a
Alanne. Sin ella, nunca hubiera
sido posible. Este trabajo es tanto
mío como de ella.

"Nada es tan reconfortante para un
hombre como la compañía de una mujer
inteligente." Leo Tolstói

Índice

Capítulo

CONCEPTOS FUNDAMENTALES DE ECONOMÍA

Capítulo

ECONOMÍA 0.0

Del trueque al dinero sólido

Capítulo

ECONOMÍA 1.0

Del dinero sólido al papel moeda

BIBLIO

Capítulo I

CONCEPTOS FUNDAMENTALES DE ECONOMÍA

Introducción

Para entender el surgimiento de la llamada **economía 3.0** es necesario comprender antes el contexto en el que emerge. Pero para entender ese contexto necesitamos antes revisar algunos conceptos básicos sobre Economía. Ese es el propósito de este primer capítulo.

El lector que ya es del ramo de Economía, o incluso está familiarizado con tales conceptos, podría verse tentado a saltarse este primer capítulo. Sin embargo, no es recomendable, ya que el enfoque que tomaremos para interpretar estos conceptos será no solo un tanto diferente, sino también fundamental para entender las consecuencias a las que llegaremos.

Como de costumbre, para construir algo necesitamos herramientas y esas herramientas en ciencia son las definiciones. Entendamos entonces estas definiciones, para luego poder construir los conceptos con los que podremos concebir dónde, cómo y por qué surge esta economía 3.0.

LA ECO
¿Qué es la economía?

Una definición clásica de Economía sería la siguiente:

"La economía es el estudio de cómo los individuos, las empresas, los gobiernos u otras organizaciones sociales toman decisiones y cómo estas decisiones determinan el uso de los recursos de la sociedad".

Sin embargo, esta definición es una de entre tantas. De hecho, hay muchas maneras de definir qué es la economía, incluso porque las definiciones son libres. Cada autor tiene de hecho su propia definición, la mayoría basada en criterios *ad hoc*, es decir, criterios con el fin de sustentar las propias ideas del autor.

Aprovechando entonces este pragmatismo *ad hoc*, una definición apropiada para los propósitos de este texto puede ser la siguiente:

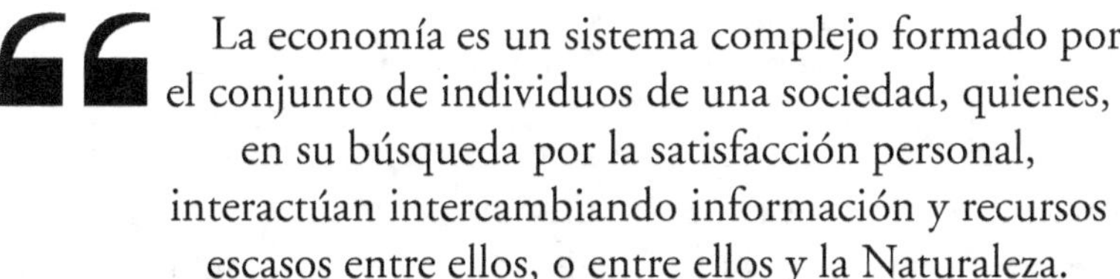

La economía es un sistema complejo formado por el conjunto de individuos de una sociedad, quienes, en su búsqueda por la satisfacción personal, interactúan intercambiando información y recursos escasos entre ellos, o entre ellos y la Naturaleza.

Esta definición propuesta tiene poco que ver con la anterior o con cualquier definición clásica de Economía. Por tanto, durante esta sección, intentaremos profundizar en ella para, ya en la próxima sección, analizar sus consecuencias. Veremos cómo, a partir de esta definición, llegaremos a puntos de vista completamente diferentes; puntos de vista que las definiciones tradicionales no alcanzan.

En ambas definiciones, hay una clara diferencia de inicio en el uso de la palabra "economía". Desde un punto de vista tradicional, la Economía es una logia, un campo de estudio. Sin embargo, durante este texto, y como se extrae de la definición propuesta, la palabra economía denota un sistema, una estructura viva en continuo cambio y adaptación. Para eliminar esta ambigüedad, usaremos "economía" con "e" minúscula cuando se trate del **sistema económico**, como así se denota en la definición propuesta y, siendo más general, usaremos la palabra "Economía", con "E" mayúscula, para denotar el estudio de la misma, incluyendo, por supuesto, el estudio de la economía como un sistema, que es precisamente la visión diferente que proponemos.

El individuo y sus colectivos

"Los ricos seleccionan lo más apreciado y agradable. Consumen (...) con el fin de **satisfacer sus insaciables deseos**, compartiendo con los pobres el fruto de todos los progresos." Adam Smith

Lo primero que hay que entender en la definición es el concepto de individuo. Por individuo entendemos no solo el sujeto, sino también su propiedad privada. Esto incluye todos los ítems que posee, a los que llamaremos **productos** o **bienes**, además de su propio tiempo, que podemos visualizar como un ítem cuantizado que, como cualquier objeto material, puede cambiarse por otro realizando un **servicio**. Por tanto, en analogía con una unidad celular, entendemos al individuo como una **unidad económica**, desde la cual productos pueden entrar, salir, almacenarse, consumirse internamente o ser descartados y servicios pueden también entrar o salir, no sentido de ser realizados para, o por, otra unidad económica.

Estas unidades económicas o, ahora que fue aclarado, individuos, en su búsqueda por la **satisfacción personal**, satisfacción de sus **necesidades** o sus **deseos**, podrán agruparse con otros individuos para formar estructuras orgánicas más complejas como familias, clubes, corporaciones, urbanizaciones, asociaciones o empresas. Como si se tratara de cualquier otra unidad individual, estos colectivos persiguen los mismos fines:

1. Sobrevivir, lo que implica una **necesidad**.

2. Mejorar la calidad de su supervivencia, lo que implica un **deseo**.

Y por eso, a partir de los objetivos directos de los componentes individuales es natural que surjan otros objetivos indirectos como el **beneficio**, sin los cuales la supervivencia y mantenimiento de cualquier unidad económica no sería factible.

Los colectivos son estructuras desde las que también pueden entrar o salir productos y servicios, o parte de estos productos pueden ser almacenados, consumidos o descartados. Por tanto, desde el punto de vista económico, los colectivos también actúan como si fueran individuos. Siendo así, usaremos el concepto general de **unidad económica**, denotando indistintamente una entidad individual o una entidad colectiva.

La economía es un sistema

complejo

El segundo detalle importante, presente en la definición, es la interacción entre los individuos. Esta conexión se realiza inicialmente a través de intercambios de información entre pares, entre las propias unidades económicas, o entre ellas y la naturaleza. A medida que esa información se propaga gradualmente por lo que llamaremos **entorno** o **contexto económico** es probable que esta cause estímulos en cada vez más unidades económicas, pudiendo inducir cambios en sus hábitos de consumo. Por tanto, este intercambio inicial de información puede provocar alteraciones en los hábitos de las unidades económicas, alteraciones imposibles de evaluar que, sin embargo, se materializan cuando finalmente el intercambio físico es efectuado; intercambio que, a su vez, se convierte en una nueva fuente de información.

En esta situación, la importancia de este contexto económico es capital porque es él quien, a través de estos intercambios de información, influye mayormente en las decisiones particulares de las unidades económicas; decisiones estas como comprar, ahorrar, gastar, invertir o producir, que en realidad están asociadas a la entrada, salida, almacenamiento o descarte de productos o servicios anteriormente mencionado. Debido a estas actividades, dado que las unidades económicas se accionan o reaccionan según el contexto, ocasionalmente también usaremos el concepto de **agente económico** como sinónimo.

Esta conexión entre las unidades económicas, o agentes económicos, y su entorno es recíproca, lo que está incorporado en el hecho de que la economía es un sistema complejo. En este tipo de sistemas, todas las partes que lo componen están interconectadas. Esto significa que una unidad económica puede tomar una decisión, que afecta directa o indirectamente al resto de las unidades, las que a su vez tomarán sus propias decisiones, que en última instancia acabarán afectando a las unidades económicas que tomaron estas decisiones en primer lugar.

El paradigma económico tradicional

El hecho de que la economía sea un sistema complejo es la parte más importante, pero curiosamente la menos relatada en los libros tradicionales de Economía.

La Economía, como todas las ramas de la ciencia, está construida a partir de pilares tradicionales, que acaban siendo muy difíciles de reformar, a pesar de las claras evidencias en contra.

En la práctica, de forma análoga al sistema económico, los propios paradigmas científicos son construcciones vivas y activas, las cuales, a veces, cuando hay intereses en juego, terminan siendo controlados por poderes centrales que impiden su progreso. De ahí la dificultad de cambiar paradigmas en algunos casos.

La economía no es una ciencia exacta

"La economía es un organismo muy sensible." Hjalmar Schacht

La economía no es una ciencia exacta. Además, el método

científico, basado en la experimentación y la creación de modelos a partir de datos, no puede ser aplicado, pues en última instancia la economía depende del comportamiento humano, que es individualmente impredecible. Algunos autores, los menos ortodoxos, no tratan de hecho la Economía como una ciencia pura, sino como una ciencia social o praxeología.

Este libro se adscribe a esa corriente de pensamiento al considerar que, al ser la economía un sistema complejo, las soluciones, a un nivel individual, suelen ser indeterminadas. De hecho, las consecuencias de inducir cambios en los hábitos de individuos para producir resultados esperados pueden, por el contrario, producir resultados inesperados. Este tipo de dinámica, particular de sistemas complejos, es lo que se conoce como efecto mariposa. El efecto mariposa puede ocurrir cuando una dinámica económica basada en **interacciones retroalimentadas negativamente**, que actúa amortiguando los cambios, de repente se convierte en otra basada en **interacciones retroalimentadas positivamente**.

En última instancia, la economía trata de las acciones humanas, acciones que implican la satisfacción de las necesidades o deseos presentes y futuros, los cuales son imposibles de medir, y solo pueden ser estudiados desde un punto de vista cualitativo, a través de los **patrones que emergen del conjunto de individuos**. Precisamente, con base en estos patrones, podemos definir un **comportamiento promedio**, ya que es una reacción psicológica natural actuar como otros lo hacen debido al llamado **efecto manada**. Estos patrones, que emergen del propio individuo, terminan elevándose a las estructuras que ellos forman. Las unidades económicas, por tanto, son entes altamente influenciados por el entorno económico y perfectamente adaptadas a él a través de ese comportamiento medio.

El hecho de tratar a la economía desde un punto de vista cualitativo contradice la interpretación ortodoxa de la misma. Esta interpretación convencional considera que la economía es un sistema en equilibrio, y por tanto predecible, formado por individuos que, como si estos fueran máquinas perfectamente programadas, toman sus decisiones individualmente, actuando siempre de forma racional. Sin embargo, si algo caracteriza la economía es justo lo contrario: los sentimientos irracionales como el miedo a la pérdida o el entusiasmo por las ganancias y principalmente una clara imperfección dada por los errores sistemáticos de las decisiones tomadas por los individuos, todo dentro de un ambiente hostil de flagrante asimetría de información.

Es precisamente esta irracionalidad la que eventualmente provoca burbujas, naturales o artificiales, alrededor de un producto o activo en particular. Burbujas que estos economistas matemáticos son incapaces de explicar si no es bajo el supuesto de que los individuos se "desviaron irracionalmente" de su comportamiento.

No. La irracionalidad de los individuos no pertenece al verbo estar, sino al verbo ser y, por eso, la economía, que surge de las interacciones entre ellos, pasa por situaciones temporales de equilibrio, que suelen romperse por el estallido de burbujas de escalas de tiempo muy pequeñas y de las cuales emergen nuevos equilibrios temporales caracterizados por cambios drásticos respecto a los períodos de equilibrio anteriores.

Esta visión de los llamados equilibrios interrumpidos, o *punctuated equilibria*, es propia de sistemas complejos, y según esta, la economía es un sistema sujeto a cambios intermitentes, siendo estos cambios rápidos, discontinuos y, sobre todo, completamente impredecibles.

Por lo tanto, a pesar de que en situaciones de equilibrio transitorio emerjan patrones, que sí puedan estudiarse cuantitativamente, o sea, analíticamente a través de modelos, el enfoque más amplio para estudiar la economía debe ser cualitativo, ya que este enfoque entiende que los comportamientos irracionales no son anómalos sino naturales.

La arrogancia humana y los arquitectos económicos

La Economía, al igual que otras ciencias que nacieron durante el impulso de la Ilustración, fueron muy influenciadas por la física clásica. La física clásica, construida sobre los cimientos de la mecánica lagrangiana, creía que todos los fenómenos de la Naturaleza estaban gobernados por ecuaciones matemáticas deterministas, para las cuales, si se conocieran las condiciones iniciales, todo el comportamiento posterior podría predecirse con exactitud. Como afirmaba categóricamente Lord Kelvin a finales del siglo XIX, antes de conocer la verdadera esencia indeterminada de la Naturaleza, introducida por primera vez por la física cuántica: "a excepción de unos pocos fenómenos físicos, para los que solo se necesitan medidas más precisas para ser descifrados, la humanidad ha descubierto todos los secretos de la Naturaleza".

En el marco de este soberbio impulso, nacieron estos economistas matemáticos o keynesianos, los cuales consideran la economía como un mecanismo de relojería, regido por las leyes de la física clásica, e por tanto, perfectamente ajustable a su voluntad. Por supuesto, la mayoría de nuestros líderes adoptaron esta escuela de pensamiento, ya que era el justificante perfecto para hacerse pasar por necesarios para la sociedad. Sin embargo, como vamos a estudiar, el paradigma económico contemporáneo, construido sobre la base de esta escuela keynesiana, con su Teoría Monetaria Moderna, ha convertido esa máquina económica en un enorme reloj bomba; la mayor burbuja artificial conocida (*the everything bubble*), susceptible de explotar cualquier día.

En los próximos capítulos vamos a tratar de entender por qué, pero antes es necesario seguir profundizando en la definición propuesta y dominar algunos conceptos de Economía básica, que surgen naturalmente de la propia definición.

Los recursos escasos

De todas las especies de la Naturaleza, el ser humano es la única consciente de que tendrá una vida limitada. De hecho, unos años después de nacer ya entendemos que nuestro tiempo de vida terminará algún día. En otras palabras, nuestro intervalo de tiempo se consume inexorablemente hasta alcanzar un mínimo de cero.

Nuestro tiempo es, por tanto, el principal **recurso escaso**. Un recurso que debemos utilizar para sobrevivir. Todos necesitamos alimentarnos y para eso debemos usar nuestro tiempo para realizar un trabajo. Así, utilizamos ese tiempo para efectuar un servicio o fuerza de trabajo, gracias a la cual podemos producir los alimentos necesarios para sobrevivir o podemos, alternativamente, intercambiar esa fuerza de trabajo por dinero, y con este comprar esos alimentos. Es decir, en general, al realizar esa tarea, estaremos intercambiando algo interno, nuestro tiempo, por algo externo a través de un servicio.

Lógicamente, dado que nuestro tiempo es limitado, el dinero que potencialmente podemos ganar utilizando nuestra fuerza de trabajo también. O sea, tanto nuestro **tiempo** como nuestro **dinero** son ambos **recursos escasos**.

La satisfacción personal

"A lo largo de la historia, la humanidad ha sufrido dos grandes decepciones contra su inocente amor propio. La primera, procedente de la Astronomía, fue aceptar que la Tierra nunca fue el centro del Universo. La segunda, procedente de la Biología, fue reconocer que venimos del mono, y no de ninguna creación divina. Existiría, sin embargo, una tercera, procedente de la Psicología, que pretende demostrar que ni siquiera el 'yo' es dueño de su propio 'hogar'." Del libro: "Una introducción general al psicoanálisis" de Sigmund Freud

Como cualquier otra especie, los humanos no actuamos con total libertad, ya que estamos limitados por nuestras **necesidades** biológicas y somos impulsados irracionalmente por nuestros **deseos**. Necesidades y deseos que, una vez cumplidos, nos aportan **satisfacción personal**.

Todos somos guiados a buscar esa satisfacción personal, y para eso, necesitamos **utilizar nuestros recursos escasos**. Por ejemplo, si dentro de un contexto urbano tenemos sed podemos usar nuestro dinero para comprar una botella de agua. En el caso de un contexto rural, podemos utilizar nuestro tiempo para ir hasta el río más cercano y recoger agua dulce, extrayendo así un bien directamente de la Naturaleza.

A través de este ejemplo podemos entender que, al intercambiar nuestros recursos escasos, tiempo o dinero, por agua, el agua en sí se convertirá en otro recurso escaso, pues eventualmente también podrá ser utilizada tanto en el presente como en el futuro para alcanzar nuestra satisfacción personal. Sin embargo, cuando este sea el caso, para separar lo que es origen de lo que es fin, diremos que el agua será un producto o un **bien**, y estos, insistimos, unos en menor medida y otros en mayor medida dependiendo del contexto, son **también recursos escasos**.

Intercambios voluntarios

Los individuos, por tanto, utilizan su tiempo para realizar un servicio, su fuerza de trabajo, la cual utilizan para producir directamente bienes, o para ganar dinero, con el que indirectamente pueden adquirir esos bienes; los bienes que necesitan o desean. O sea, resumidamente, los individuos intercambian sus propios recursos escasos, tiempo, dinero o bienes, por los recursos escasos ajenos, con el fin de satisfacer sus necesidades o deseos tanto presentes como futuros.

Curiosamente, estos intercambios no consisten apenas en cambiar un ítem por otro; estos son, de hecho, **intercambios voluntarios** y eso significa que hay una voluntad involucrada en ese cambio. Es decir, en cada intercambio que se realiza en el sistema económico hay algo más, algo inmaterial que, a diferencia de la materialidad de los artículos negociados, no puede cuantificarse, pero sin el cual este intercambio nunca se realizaría. De hecho, es precisamente esa necesidad o deseo por un ítem la causa real de cualquier intercambio. O sea, la **búsqueda por la satisfacción personal es el verdadero motor de la economía**.

Precisamente, es por eso que, insistimos, el planteamiento

para el estudio de la Economía debe ser cualitativo, pues si este enfoque fuera apenas cuantitativo estaríamos excluyendo del análisis la última y verdadera causa que mueve los engranajes de la economía.

Entendamos con un ejemplo. Supongamos que un coleccionista de arte fue informado del precio de venta, digamos 1000 dólares, de un cuadro hecho por cierto pintor. Si este pintor decide vender su cuadro por 1000 dólares es porque él desea ese dinero antes que su pintura y, de la misma manera, si el coleccionista ofrece esta cantidad, es porque él desea esa pintura antes que sus 1000 dólares. En otras palabras, en un intercambio voluntario, ambas partes involucradas tienen el deseo o la necesidad de llevarlo a cabo; deseos o necesidades que se satisfacen cuando tal intercambio es finalizado.

Este mismo ejemplo nos muestra otro detalle importante: en todo intercambio voluntario surge un flujo de ítems: productos, servicios o dinero, desde la parte que menos necesita, o desea, hacia la parte que más necesita o desea. O, de otro punto de vista, en todo intercambio voluntario las dos partes implicadas pierden algo a cambio de ganar otra cosa que necesitan o desean más y, por tanto, ninguna parte se aprovecha de la otra; ambas partes, de hecho, salen ganando.

Los procesos económicos son irreversibles

Las necesidades y los deseos, por tanto, son el combustible que impulsa la economía. Estas necesidades y deseos producen **demanda** y cuando hay demanda por un determinado producto o servicio, surge la **oferta** de los mismos, o aumenta la oferta de los pocos productos o servicios que ya existían en el mercado. No obstante, tal oferta de productos y servicios no surge de la nada, sino que requiere un tiempo; un tiempo útil.

Efectivamente, para crear un producto de consumo dado, se necesitan varios **insumos** y esto requiere un servicio. Es decir, para crear un producto se necesita un tiempo, el cual no puede ser recuperado. De hecho, cualquier producto de consumo en sí mismo lleva incorporado el tiempo de trabajo de alguien, que efectivamente no puede desmantelarse y recuperarse. Siendo más técnicos, y de manera general para incluir la fuerza de trabajo de máquinas, en cualquier montaje o creación de un producto se desprende una energía al ambiente en forma de calor, la cual es irrecuperable. Este "desperdicio", sin embargo, no fue en vano, ya que algo fue creado a partir de ese servicio; un producto de consumo necesario o deseable para alguien.

Curiosamente, podemos utilizar el mismo razonamiento no solo para crear productos y realizar servicios, sino también para la pericia de ese servicio, pues para que cualquier unidad económica se convierta en especialista en realizar adecuadamente un determinado servicio, se necesita tiempo; un tiempo que, nuevamente, es irrecuperable, porque si este servicio se volviese innecesario para la sociedad, tal aprendizaje no podría ser revertido para recuperar el tiempo que fue invertido.

Efectivamente, tanto la creación de productos y la realización de servicios, como la formación de expertos capaces de realizar tales servicios son procesos que llamaremos **irreversibles**. El hecho de que la economía involucre procesos irreversibles tiene consecuencias interesantes. Una pregunta razonable, sin embargo, debe ser: ¿será que todos los procesos de la economía son realmente irreversibles? En un intercambio voluntario de productos o servicios, por ejemplo, no se crea ningún producto nuevo a partir del tiempo de alguien. ¿Los intercambios voluntarios entre productos o entre servicios son realmente irreversibles?

Para responder a esta pregunta, supongamos un individuo que desea un modelo de un teléfono móvil específico fabricado por una empresa determinada. Dado ese deseo, ese individuo decide entonces comprar ese móvil, y para eso, se dirige físicamente hasta la empresa o virtualmente hasta su página web, donde voluntariamente cambia su dinero por el móvil. Sin embargo, días después el individuo se da cuenta de que el móvil viene con defecto de fábrica y, por lo tanto, desea devolverlo y recuperar su dinero. Aparentemente, la empresa no desea la devolución, pero por encima de todo desea cumplir el contrato de compra-venta, el cual en ese caso permite la devolución del dinero, porque de lo contrario esa información se difundiría y acabaría perdiendo clientes. Por tanto, tanto el cliente como la empresa desean revertir la compra y para ello, el cliente vuelve a acudir a la empresa, o a su página web, y exige la devolución de su dinero, revirtiendo así tal compra.

También puede suceder que este cliente, supuestamente experto en la creación de páginas web, no desee comprar un móvil nuevo, sino reparar el antiguo. Por ello, la empresa decide acordar con su cliente el servicio de reparación a cambio de la mejora de su página web. Sin embargo, supongamos que en este intercambio de servicios una o ambas partes no se conformaron con el resultado. Desde un punto de vista teórico, este proceso podría revertirse, ya que la empresa podría dejar el móvil con el defecto que tenía y el cliente podría desinstalar la nueva página web de la empresa, dejando la versión anterior. Sin embargo, en esta inversión ni siempre las cosas se quedan completamente igual que estaban. Ni siquiera, desde un punto de vista práctico, esa reversión tendría mucho sentido para alguna de las partes implicadas. Deducimos, entonces, que el cambio reversible de servicios no es tan factible desde un punto de vista práctico. En la mayoría de los casos sería incluso imposible (piénsese, por ejemplo, en un corte de pelo), cuando comparada con el cambio reversible de productos.

En cualquier caso, a través de estos ejemplos podemos concluir que, a pesar de que el intercambio entre bienes o servicios puede ser cuantitativamente reversible, hay algo más que no puede ser retornado. Efectivamente, en los ejemplos descritos el cliente y la empresa literalmente perdieron su tiempo; un tiempo que no puede ser recuperado a pesar de haber invertido físicamente el cambio de productos o servicios.

Reflexionando más profundamente en el primer ejemplo, vemos que si el cliente perdió su tiempo para adquirir un móvil nuevo y, posteriormente, recuperar su dinero y la empresa perdió su tiempo para adquirir el dinero y luego recuperar su móvil, fue porque en todo momento este era el deseo de ambos. Por tanto, en general, tanto en la creación de productos o en el uso de un servicio para tal creación, como en el intercambio directo de productos y servicios, las unidades económicas involucradas gastan su tiempo de manera voluntaria porque buscan satisfacer una necesidad o un deseo, los cuales son consumidos cuando el intercambio finaliza. Este razonamiento lógico implica que en un intercambio voluntario hay involucrado algo a más, diferente de los productos o servicios intercambiados; algo cualitativo, que no se puede cuantificar.

Ya que el planteamiento más amplio para estudiar la Economía debe ser cualitativo, concluimos entonces que, debido a las necesidades o deseos, los cuales necesitan de tiempo para ser satisfechos (y por tanto el consumo de un recurso escaso), **todos los procesos de la economía son irreversibles**. Y esto, a su vez, desde el punto de vista físico, implica que hay una transformación del tiempo, o de la energía perdida en forma de calor durante ese proceso, en algo útil para alguien.

La economía es un sistema fuera del equilibrio

A través de la información recibida del entorno económico, los individuos o sus colectivos, toman entonces sus decisiones y actúan con el fin de satisfacer sus necesidades o deseos. Esta actitud, sin embargo, implica que existe una diferencia entre el antes y el después del intercambio. Antes del intercambio, existe en realidad un estado latente de necesidad o deseo, que se consume cuando finaliza el canje.

La minimización de estos estados latentes de acción potencial es algo que ocurre de forma natural y espontánea en todos los sistemas de la Naturaleza. Todos los sistemas tienden, de hecho, a un estado de mínima tensión con su entorno. Nada muy diferente, por tanto, ocurre cuando los individuos actúan para resolver sus insatisfacciones y así lograr un estado de mayor conforto personal.

Desde este punto de vista, considerando este estado latente de acción potencial, diríamos que existe una situación de desequilibrio, porque el individuo, como unidad económica, necesita o desea algo de su entorno. De esta manera, cuando el individuo realiza este intercambio, este estado de tensión finalmente se alivia, pues el individuo ya no necesitará nada del entorno ni el entorno necesitará nada más de él. En este sentido, dado que ninguno necesitaría intercambiar nada con el otro, se habría logrado una situación de **equilibrio económico**.

Este razonamiento lógico nos lleva naturalmente a pensar que las necesidades o deseos de los agentes económicos son fuentes de desequilibrio. Y por lo tanto, mientras los individuos, o los colectivos que ellos forman, tengan necesidades o deseos que satisfacer, debemos concluir que el sistema económico, que surge de las interacciones entre tales unidades económicas, estará permanentemente **fuera del equilibrio**.

La economía es un sistema autoorganizado

> "Cuanto más un Estado 'planifica', más difícil es para el individuo planificar." F. A. Hayek

Los sistemas complejos que actúan fuera del equilibrio son fundamentales en la Naturaleza, ya que es en estos entornos donde, a través de procesos irreversibles, emergen espontáneamente patrones o estructuras ordenadas a partir del caos. Este proceso de generar orden espontáneamente a partir del desorden es lo que se conoce como **auto-organización**.

El concepto de auto-organización es de suma importancia cuando se aplica a nuestro contexto económico e involucra al menos tres corolarios:

1. La economía siempre busca una mayor eficiencia, porque el sistema económico por sí mismo retiene lo que es eficiente y desecha lo que no es.

2. El proceso de auto-organización ocurre de forma natural y espontánea, es decir, sin necesidad de que nadie lo controle o lo dirija.

3. Dado que este proceso es natural, cualquier líder que interfiera en el mismo solo provocará un retraso o la aparición de soluciones peores que las que surgirían si no interfiriera.

Sistemas abiertos e información

En realidad, para que un sistema como es el sistema económico se auto-organice, las estructuras de las que se compone, las unidades económicas, deben satisfacer ciertos requisitos. Específicamente, estas deben ser **sistemas abiertos**.

Desde un punto de vista físico, un sistema es abierto cuando:

1. Existe una interacción inclusiva con el entorno, mediante un intercambio de materia, parte de la cual puede formar parte del propio sistema o parte puede quebrarse para obtener energía, siendo los desechos descartados del sistema.

2. Existe una interacción exclusiva con el entorno, mediante un intercambio de energía o información a través de la superficie y, por tanto, sin que la sustancia mensajera forme parte del sistema.

Desde el punto de vista económico, las unidades económicas actúan como sistemas abiertos porque estas pueden intercambiar sustancias inclusivas con el ambiente, es decir, ítems escasos que pueden entrar o salir de su propiedad, o también sustancias exclusivas como **información**.

Desde un punto de vista biológico, la información se define como el estímulo sensorial que afecta al comportamiento del individuo. La información, por tanto, es una sustancia exclusiva, típicamente inmaterial o cuasi-inmaterial, que interactúa con el sistema a través de su superficie. Por ejemplo, pueden ser ondas electromagnéticas que estimulan las células fotorreceptoras de nuestros ojos, u ondas acústicas que presionan la superficie del tímpano, u oscilaciones moleculares o repulsiones eléctricas que intercambian energía a través de la piel (calor o presión) o sustancias químicas que dejan su huella en la superficie del paladar y del olfato.

La información que interactúa superficialmente a través de nuestros sentidos deja efectivamente un mensaje interno, que es en última instancia responsable de que el individuo sienta una cierta necesidad o deseo por un determinado producto o servicio por encima de otro, y acabe, en función de eso, tomando una decisión.

Las unidades económicas son efectivamente sistemas abiertos. Se podría pensar, sin embargo, que, dado que el conjunto de todas las unidades económicas es finito, tal conjunto sería entonces un sistema cerrado; cerrado en el sentido de que se producen intercambios interiores, pero no exteriores. Sin embargo, como fue explicitado en la definición, y como fue ejemplificado con aquel individuo que aprovechaba su tiempo para ir al río, las unidades económicas también pueden intercambiar productos o servicios e información con la Naturaleza; la propia Naturaleza es la verdadera fuente de todos los recursos escasos que utilizamos. Como consecuencia, el sistema económico en su conjunto es una estructura compuesta por subsistemas abiertos en todas las escalas.

ACCIONES Y REACCIONES EN LA ECONOMÍA

La optimización de los recursos escasos

En la sección anterior aprendimos que los individuos, o sus colectivos, usan sus recursos escasos y los gastan para conseguir su satisfacción personal. Sin embargo, como estos recursos son, como dice la propia palabra, escasos, resulta razonable que los propios individuos, o sus colectivos, lleven a cabo una buena gestión de tales recursos. De hecho, hacer un buen manejo de estos ítems escasos también trae satisfacción, ya que disponer de ellos de manera perpetua no solo es la clave para una supervivencia y bienestar presente, sino también para una supervivencia y bienestar futuro. Por tanto, es lógico pensar que las unidades económicas actuarán visando **optimizar sus recursos escasos**, maximizando sus ganancias o minimizando sus pérdidas.

Entendamos con un ejemplo. Imagínese que, en ese entorno urbano descrito anteriormente, un individuo tiene mucha sed. Esa sed le genera incómodo y, por tanto, decide pagar 50 dólares por un litro de agua. Este individuo necesita agua y acaba intercambiando parte de sus recursos escasos, sus 50 dólares, por otro, la botella de agua. Esta agua satisface su necesidad, pues acaba con su sed. Sin embargo, en este intercambio sintió otra insatisfacción, pues pensó que la gestión que hizo de sus recursos escasos no fue óptima. Él desea mejorar dicha gestión y, por lo tanto, la próxima vez, buscará otro proveedor de agua. En otras palabras, el individuo buscará una mejor adaptación al entorno: aquella que optimice la gestión de sus escasos recursos.

Estas decisiones son muy particulares, ya que otros tipos de información, más allá de la visual dada por el precio, pueden estar involucradas. Por ejemplo, en un contexto rural, un individuo puede optar por ir hasta un río más distante simplemente por dar mayor aprecio al sabor del agua. En cualquier caso, en esta decisión, él habrá elegido la mejor agua según sus propios criterios de calidad. Es decir, efectivamente, en esa acción el individuo habrá perdido el tiempo mínimo para obtener la ganancia que él considera máxima y, por tanto, indiferentemente, habrá realizado la mejor gestión de sus escasos recursos.

El beneficio

Continuando con el ejemplo anterior, supongamos que la información sobre la venta de esa botella de agua llega de forma visual o acústica hasta un tercer individuo. Este último se encuentra desempleado y, siendo así, tal información le generó una gran insatisfacción. Este individuo piensa entonces que él mismo podría realizar ese servicio, usando su tiempo, para ir hasta ese río de agua sabrosa y embotellarla para posteriormente venderla en la ciudad. En ese caso, si lo logra, este individuo habría intercambiado con la Naturaleza un recurso escaso, su tiempo, para obtener otro, el agua, que, a su vez, después será intercambiada por otro, el dinero de algún comprador. Durante toda esta acción, el individuo habrá actuado entonces buscando el **beneficio**, pues este es una vía indirecta para conseguir satisfacer necesidades o deseos presentes o futuros.

En general, los productos o servicios que ofrecen los agentes económicos pueden resultar útiles, o inútiles, para la sociedad. El lucro o beneficio es, por tanto, la forma en que la economía premia la creación de un producto o la realización de un servicio útil para el mercado. Esta es la forma, entonces, a través de la cual la propia economía se auto-organiza: creando, o manteniendo, productos y servicios que son realmente útiles y eliminando los inútiles.

Curiosamente, el propio beneficio es también la forma en que la economía crea estructuras jerárquicas superiores a partir de los individuos, pues si en un emprendimiento individual rentable el individuo cree que ya no está utilizando un tiempo mínimo para obtener un beneficio máximo, entonces se verá impulsado espontáneamente a buscar asociaciones. Es decir, la satisfacción a través del beneficio es la forma mediante la cual la economía se auto-organiza y crea naturalmente estructuras superiores que, en su conjunto, son más eficientes en el uso de los recursos escasos que las estructuras individuales.

La oportunidad

Ante esta búsqueda por beneficio, y dado que en los intercambios involucrados para obtener tal beneficio las entradas de productos o servicios de una unidad económica están vinculados a las salidas de productos o servicios de otras, el entorno económico se convierte aparentemente en un lugar hostil donde, visando la mejor gestión de los recursos escasos, todas las unidades económicas buscan ganancias máximas que conlleven pérdidas mínimas.

Dentro de este ambiente económico cambiante, surgen, no obstante, **oportunidades** de ganancia neta que son aprovechadas por las unidades económicas en su necesidad vital de sobrevivir y en su deseo de mejorar su supervivencia. Sin embargo, tales oportunidades solo serán energeticamente favorables, o digamos lucrativas, si el retorno de ese emprendimiento es mayor que la inversión realizada por esa unidad económica utilizando sus recursos escasos: su tiempo o su dinero/bienes. Es decir, una oportunidad será rentable, o beneficiosa, si en los intercambios involucrados las ganancias son mayores que las pérdidas.

Incentivos

Las oportunidades que surgen en la economía no son todas iguales, pues unas serán más lucrativas que otras. Siendo así, lógicamente, las unidades económicas serán mayormente movidas a actuar en las tareas que les proporcionen un beneficio mayor, o equivalentemente, en las tareas que minimicen, o agoten, tan pronto como sea posible esas oportunidades de ganancia.

Este fenómeno no es diferente de lo que ocurre en la Naturaleza. De la misma manera que el agua no se desliza en cualquier dirección, sino siempre por los caminos más abruptos, o la corriente eléctrica no se mueve para cualquier lugar, sino siempre en el sentido del mínimo de energía potencial, o el aire no se mueve al azar, sino siempre hacia zonas de presión atmosférica menor o el calor no se transfiere en cualquier dirección, sino preferencialmente hacia los cuerpos más fríos, las unidades económicas no actuarán de cualquier manera, sino según aquella que haga optimizar sus recursos escasos. Por tanto, de la misma forma que afirmamos que sobre los cuerpos surgen fuerzas motrices que les inducen a moverse en la dirección del llamado gradiente, debemos también afirmar que sobre las unidades económicas surgen **incentivos** que las inducen a actuar en aquellas oportunidades que les proporcionen un beneficio máximo usando un tiempo mínimo.

Este punto de vista de cómo los incentivos surgen a través de la ganancia no es nuevo, pues hace más de 300 años el considerado padre de la Economía, Adam Smith, ya afirmaba brillantemente que "no es por la benevolencia del carnicero, del cervecero y del panadero que esperamos nuestra cena, sino de la consideración que ellos tienen por sus propios intereses", o sea, sus intereses por buscar beneficios.

Sin beneficio no hay incentivos

La búsqueda del beneficio es efectivamente la fuerza natural que lleva a los individuos a aprovechar las oportunidades y emprender, y siendo así, si tal beneficio fuera eliminado, también sería eliminado el incentivo al emprendimiento. Por tanto, **sin beneficio no hay incentivos**.

Durante las últimas décadas, han surgido teorías políticas paranoicas que, embaucando a la población a través de sentimientos irracionales como el miedo, la pena o la envidia, han atacado y demonizado a visionarios y emprendedores, los cuales arriesgaron su tiempo y su capital en busca de beneficios.

Estas políticas acosadoras y controladoras de las ganancias se convirtieron en un completo fracaso, pues si el Estado es quien controla los ingresos de los individuos, o los monopoliza, estos no tendrán entonces ningún incentivo en nuclear y formar empresas. Sin empresas, no hay trabajo y sin trabajo las familias no tienen ingresos. Sin ingresos la gente no consume, tornándose dependientes del Estado para recibir alimentos, y si la gente no consume, el Estado no recauda a través de impuestos directos o indirectos.

Castigar el lucro o el beneficio es, por tanto, algo completamente ilógico e irracional, y que solo conduce a una lenta y lacerante destrucción de una nación, desde dentro y poco a poco.

Monopolio del beneficio

El éxito de una civilización depende de las fuentes de energía a su disposición, que están estrechamente vinculadas, directa o indirectamente, a los gradientes. Por ejemplo, la energía hidráulica se extrae de un gradiente de energía potencial gravitacional, la energía solar se extrae de un gradiente de temperaturas o la energía cinética que mueve los automóviles se extrae de la quema de combustibles fósiles, lo cual produce un enorme gradiente de presión, que impulsa los pistones de un motor.

Asimismo, los gradientes con diferentes oportunidades de beneficio que surgen en el entorno económico son aprovechados por las unidades económicas. Inicialmente, los pioneros son los que más se benefician. Sin embargo, a medida que cada vez son más las unidades que se aprovechan el beneficio individual tiende a ser tan limitado que solo acaban obteniendo ganancias los individuos, o unidades económicas, que se tornaron eficientes en la explotación de tal oportunidad. Es decir, aquellos que logran producir más por menos.

La libre competencia conduce a un negocio cada vez menos rentable para los emprendedores, pero que beneficia a toda la sociedad al disponer de precios más bajos. Sin embargo, cuando surge un individuo en particular, como es el Estado, poseedor del monopolio de la fuerza, este acabará inmiscuyéndose gradualmente hasta controlar parcialmente estos gradientes, a través de la recaudación de impuestos, o totalmente oligopolizando o **monopolizando el beneficio**. En este caso, el conjunto de la sociedad sale perjudicada, pues cuando la libre competencia es inhibida, aquel con el poder de los gradientes puede intervenir los precios como y cuando quiera.

Interacciones económicas

Como estudiamos en la sección anterior, todo intercambio voluntario implica una necesidad o deseo mutuo de realizar dicho cambio. De ahí la palabra voluntario. Todas las unidades económicas necesitan o desean ítems (productos, servicios o dinero) de otras unidades económicas y, por tanto, continuamente surgen interacciones entre ellas, que podríamos denominar como **relaciones simbióticas**, ya que en todo intercambio voluntario ambas partes se benefician.

Cuando los intercambios son voluntarios, las necesidades o deseos subyacentes actúan como motores de la economía. Las unidades económicas se agrupan de la forma más eficiente y, atendiendo a la demanda de la sociedad, surgen innovaciones que, a su vez, generan nuevos puestos de trabajo y nuevas agrupaciones aún más eficientes que las anteriores para explotar las pequeñas y efímeras oportunidades de beneficio. Es decir, cuando hay voluntad en los intercambios, la economía se autoorganiza espontáneamente.

Sin embargo, cuando los intercambios no son voluntarios sino forzados, toda esta hermosa y natural disposición se desmorona. Cuando dos unidades económicas establecen una interacción a través de la cual una de las partes no está de acuerdo con el intercambio, esta interacción se convierte en una **relación parasitaria** porque apenas una de las unidades es quien se beneficia.

Como veremos en los próximos capítulos, a lo largo de la historia, la relación entre el Estado y sus ciudadanos es cada vez más opresiva, ya que estos se ven obligados a realizar intercambios con los que generalmente no están de acuerdo. Este tipo de interacciones distorsionan la belleza, naturalidad y espontaneidad de los procesos económicos y terminan destruyendo paulatinamente el sistema a través de la muerte del parasitado.

Trade-offs de los individuos

La economía está formada en última instancia por el conjunto de individuos de una sociedad, que diariamente deben tomar innumerables decisiones. Dado que el tiempo y el dinero del cual dispone cada individuo son recursos limitados, es normal que estos tengan que tomar decisiones que involucren el mejor manejo de dichos recursos, y en esa elección, alguna decisión debe tomarse a expensas de otra. Es decir, en palabras ordinarias, para lograr algo siempre habrá que sacrificar otra cosa. Este sacrificio es lo que se llama

trade-off del individuo, o de las unidades económicas, y siempre implicará un costo de tiempo o dinero; el llamado costo de la oportunidad.

A modo de ejemplo, la lectura de este libro será una elección del lector, quien dedicará su tiempo a esta tarea a costa de, por ejemplo, trabajar. En este caso, trabajar será el *trade-off* del lector, y ese sacrificio acarrea un costo porque si en lugar de leer hubiera dedicado su tiempo a trabajar, probablemente habría ganado un dinero que no ganará mientras lee este libro.

Cada vez que sacrificamos nuestro tiempo por otra tarea alternativa es porque esa es nuestra mejor decisión. El autor es consciente del *trade-off* que hace el lector al elegir este libro. Por ello, el mismo se compromete a que la lectura de este texto sea verdaderamente la mejor decisión del lector.

Trade-offs de la economía

Las acciones y reacciones de los individuos se elevan al conjunto del sistema económico, formado por todas sus unidades, que acaba comportándose como si fuera otro individuo cualquier, tomando sus propias decisiones en busca de una mayor eficiencia. En efecto, en el proceso de auto-organización surgen innovaciones que traen nuevos productos o nuevos servicios al mercado, haciendo ineficaces a los anteriores y llevándolos a su extinción. Sin embargo, si esto sucede es porque la economía tomó su mejor decisión; decisión sabia y necesaria. Las innovaciones, por lo tanto, no deben entenderse como algo malo, pues en este proceso los beneficios del colectivo superan con creces las pérdidas de los perjudicados.

Estas pérdidas colaterales asociadas a cambios necesarios en la sociedad son los que podríamos denominar **trade-offs de la economía**. Un claro ejemplo de esto es la innovación de las aplicaciones de viajes compartidos que, al disminuir los costos de transporte, traen grandes beneficios para la sociedad, que ahora tendrá más dinero para gastar en ítems de mayor utilidad. En este contexto, la pérdida potencial de puestos de trabajo para los taxistas sería el *trade-off* económico de la innovación provocada por las aplicaciones de transporte compartido. Como vemos, a través de *trade-offs* económicos, las utilidades se internalizan y las inutilidades se descartan del sistema económico.

A partir de este ejemplo podemos concluir que en la economía no hay soluciones perfectas, porque cualquier cambio económico natural agradará a la mayoría, pero ciertamente disgustará a una minoría.

Proteccionismo

Los *trade-offs* económicos siempre traen muchos dolores de cabeza a nuestros dirigentes que, en lugar de abrazar y aceptar estas innovaciones creadas lindamente por el mercado, ponen todo tipo de obstáculos para que estas no progresen, a pesar de ser beneficiosas para la grande mayoría de la sociedad. Principalmente si en ese *trade-off* están inmiscuidas grandes corporaciones, grandes empresas estatales o grupos de votantes fieles.

El manejo de los *trade-offs* económicos por parte de nuestros dirigentes, llevando a cabo un **proteccionismo** hacia sus grupos de interés, es una de las primeras razones por las que el sistema económico contemporáneo no se construye a partir de incentivos adecuados. Un líder no tiene que proteger a nadie.

A lo sumo, solo debería proteger la libertad del mercado. Pero dado que el mercado es un sistema complejo que se auto-organiza por sí mismo, sin la ayuda de nadie, cualquier arquitecto económico es completamente prescindible.

Antes de continuar, vale la pena abrir un pequeño paréntesis para señalar que en ningún momento el autor está dando su opinión. El lector debe percibir que apenas está usándose la definición propuesta sobre economía, realizada en la primera sección de este capítulo, y llevándola a sus últimas consecuencias. Paréntesis cerrado. Continuemos.

El tema del proteccionismo es bastante discutido hoy en día en el marco de la guerra comercial entre Estados Unidos y China. En este contexto, el gobierno estadounidense pretende proteger a sus empresas nacionales de su probable quiebra, dada la clara ventaja de los productos importados de China, que cada vez son de mayor calidad y ciertamente más baratos que los estadounidenses. Con esta política proteccionista, el gobierno norteamericano podría conseguir salvar a sus empresas, a pesar de volverse ineficientes, pero a costa de dañar a toda su población, que tendrá que pagar más caro por sus productos nacionales.

El proteccionismo puede ser óptimo para nuestros líderes y para los sectores específicos que protegen, pero no así para la sociedad en su conjunto. Los sectores no necesitan ser protegidos pues, ya que la economía no brinda soluciones perfectas, no se requieren gobernantes populistas que piensen que ellos las traerán. La economía no necesita ingenieros sociales. Solo necesita del llamado *laissez-faire*, es decir, dejar que actúe por si misma, pues así es como trae el máximo beneficio para la sociedad.

El significado del precio

En el proceso de auto-organización, la economía, actuando a través del mercado, no se preocupa con lo que es mejor para un individuo o un colectivo en particular, si no con lo que es mejor para la propia economía y, en consecuencia, para la sociedad. En este contexto resulta curioso cómo, cuando un producto o servicio se vuelve más barato, la gente acepta y defiende el libre mercado, pero lo atacan y buscan a nuestros líderes para que controlen los precios y castiguen a empresarios cuando el precio sube.

Es importante entender que el precio es el único mecanismo que el mercado tiene para auto-regularse. Por ejemplo, cuando el precio de un producto cae, el mercado estaría enviando un claro mensaje a las partes involucradas:

1. A los consumidores, para que estos aumenten su demanda por ese producto, ya que al ser más barato el incentivo para comprarlo será mayor.

2. A los productores, para que estos oferten menos unidades de ese producto, ya que al ser más barato el incentivo para producirlo será menor.

Por lo tanto, a través de este mecanismo natural de homeostasis, si ese aumento de la demanda es atendido por los consumidores o esa disminución de la oferta es atendida por los productores, el precio aumentará hasta reequilibrarse. No obstante, si ninguna de estas condiciones fuera atendida, el precio de este producto seguirá bajando porque así es como el mercado refuerza el mensaje de que ese producto ya no es deseado o necesario para la sociedad, llevando su producción a una extinción necesaria.

Del mismo modo, cuando el precio de un producto sube, el mercado estaría enviando un claro mensaje a las partes involucradas:

1. A los consumidores, para que estos reduzcan su demanda por ese producto, pues al ser más caro el incentivo para comprarlo será menor.

2. A los productores, para que estos oferten más unidades de este producto, pues al ser más caro el incentivo para producirlo será mayor.

De esta forma, a través también de este mecanismo natural de homeostasis, si esa disminución de la demanda es atendida por los consumidores o ese aumento de la oferta es atendida por los productores, el precio bajará hasta reequilibrarse. Sin embargo, si ninguna de estas condiciones fuera atendida, el precio de ese producto seguirá subiendo porque así es como el mercado refuerza el mensaje de que este producto es deseado o necesario para la sociedad.

Así es como funciona el mercado y también así es la forma en que, actuando libremente, es más eficiente para la sociedad. Cualquier tipo de intervención en los precios impuesto por arquitectos soberbios que se juzguen más inteligentes que el mercado, solo interferirá el proceso de auto-organización de la economía, y por lo tanto, acabará produciendo un daño mayor a la sociedad.

Un claro ejemplo de estas intervenciones es la fijación de los precios. Cuando el precio de un producto sube, los productores, en busca del beneficio, tendrán un grande incentivo en producir más unidades de ese producto o en buscar una forma más barata de producirlo. Sin embargo, si el precio del producto es fijado, evitando su subida natural, entonces los productores ya no tendrán incentivos. De esta manera, la fijación de precios siempre conducirá irremediablemente a la escasez de productos.

Escasez que, además, se ve reforzada por el hecho de que, en situaciones de pánico, la gente compra alocadamente, incluso sin necesitar, e incluso sin preocuparse por los demás. La subida natural del precio, por tanto, es saludable porque impide que alguien compre todos los productos y acabe con las existencias. Si el precio sube, ese individuo pensará dos veces antes de llevárselo todo, dejando la posibilidad de que otros, que verdaderamente necesiten ese producto, tengan acceso a él.

Homeostasis de los precios

Es interesante notar que, cuando un producto o servicio es deseado o necesario, la propia oferta y demanda actúan como mecanismos naturales para reequilibrar el precio ante cualquier cambio. Este mecanismo de estabilidad es lo que podríamos denominar de **homeostasis de los precios**. Curiosamente, la homeostasis es típica de sistemas complejos abiertos, por ejemplo, los seres vivos.

Sin ir más lejos, nuestro propio cuerpo posee varios mecanismos de homeostasis, fundamentales para mantener la vida a través de procesos bioquímicos y biofísicos. Algunos de ellos son:

- Mantener una temperatura estable de 37°.

- Mantener una concentración constante de glucosa en sangre.

- Mantener un nivel de pH fijo en la sangre.

- Mantener una concentración regular de calcio, sodio y potasio.

Para que la homeostasis funcione, algún proceso de **retroalimentación negativa** debe estar involucrado, porque de esta manera, el cambio de una variable induce la activación de otra, que invierte la primera y la reequilibra. Esto es precisamente lo que estudiamos en el apartado anterior, en la que los aumentos de precio se revierten por disminuciones en la demanda de los consumidores o por aumentos en la oferta de los productores, y de manera análoga cuando el precio cae.

Sin embargo, la homeostasis no siempre se mantiene. De hecho, cuando un producto ya no es necesario para la sociedad, la **retroalimentación** se vuelve **positiva**, ya que la bajada del precio de un producto que no acaba siendo consumido conlleva una disminución de su oferta, lo que conlleva una disminución aún mayor de su demanda, típicamente porque el consumidor encontró un substituto.

Retroalimentaciones positivas puede efectivamente surgir de forma natural para provocar la extinción de un producto o servicio. Sin embargo, también pueden surgir, durante el proceso inverso, para su creación y expansión por el mercado. De hecho, los productores pueden innovar probando la creación de algunas pocas unidades de sus productos o servicios. Si esta prueba se ajusta a las necesidades o deseos de los consumidores, entonces surgirá una demanda repentina (Ley de Say), que conducirá a un aumento de su oferta, que, a su vez, conducirá a mayores aumentos en su demanda, y el proceso se retroalimentará positivamente hasta que oferta y demanda se equilibren, entrando en homeostasis.

Por desgracia, como veremos, la intervención de la economía también rompe, de manera artificial, la homeostasis de los precios, lo cual conduce a dramáticas consecuencias como son los eventos de hiperinflación, en los que también se activa una retroalimentación positiva, a través de la cual los precios se desequilibran y pierden completamente el control, aumentando sin límites.

OFERTA Y DEMANDA

La ley de la demanda

Las necesidades subjetivas de los consumidores de bienes y servicios son realmente inciertas, ya que cada consumidor tiene un contexto económico diferente y un deseo imposible de medir. Sin embargo, podríamos afirmar que las voluntades de los consumidores siguen un cierto patrón promedio llamado **ley de la demanda**.

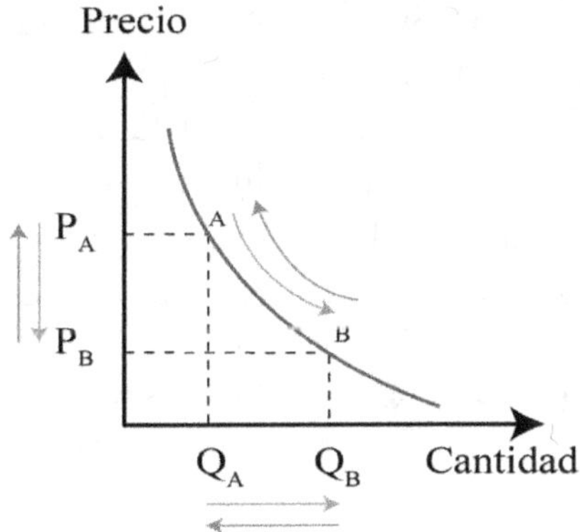

La ley de la demanda establece que cuanto menor es el precio de un producto o servicio (flecha verde en el eje vertical), mayor es el incentivo para consumirlo y, por tanto, mayor es la cantidad de productos o servicios (flecha verde en el eje horizontal) que el consumidor demandará. Por el contrario, cuanto mayor es el precio de un producto o servicio (flecha roja en el eje vertical), menor es el incentivo para consumirlo y, por tanto, menor es la cantidad de productos o servicios (flecha roja en el eje horizontal) que el consumidor demandará.

El significado de demandar

Es importante entrar en algunos detalles sobre el significado de demandar. La curva de demanda es de hecho una construcción imaginaria, ya que involucra necesidades subjetivas y deseos imposibles de evaluar. Sin embargo, a pesar de que el comportamiento de individuos específicos es impredecible, el comportamiento de la mayoría tiende a agruparse en torno a un cierto patrón promedio.

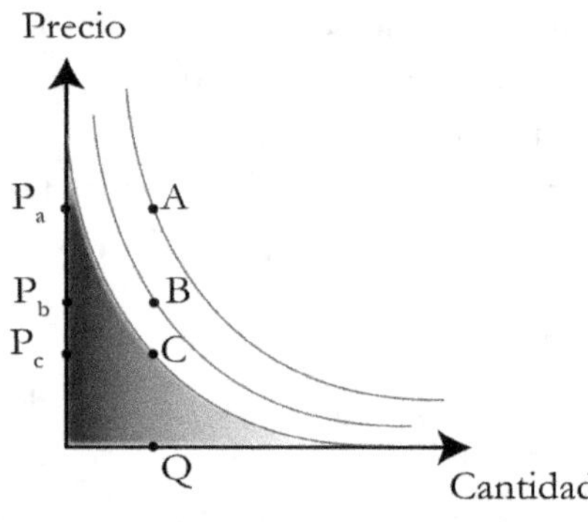

Para entender esta reacción, y sus consecuencias, elijamos algunos puntos A, B, C del plano y supongamos varios compradores dispuestos a consumir, por ejemplo, manzanas. Es decir, consumidores dispuestos a cambiar su dinero por una determinada cantidad Q de manzanas. Eso formaría la curva de demanda, la cual, supongamos, pasaría por el punto C. Siendo así, la mayoría de los consumidores solo comprarían esas Q manzanas si su precio fuera P_c. No obstante, podríamos preguntarnos, ¿por qué la curva de demanda pasa por C y no por otro punto?

En realidad, algunos consumidores estarían verdaderamente dispuestos a comprar esas Q manzanas por un precio P_A, mucho más alto que P_C. Sin embargo, la gran mayoría de los consumidores no estaría dispuesta a realizar ese intercambio, ya que su objetivo es llevar a cabo la mejor gestión de sus recursos escasos. Esta actitud se debe a que el dinero que ellos poseen tiene subjetivamente más valor que las Q manzanas deseadas por el precio P_A.

Si, en lugar de P_A, el precio fuera P_B, el incentivo para consumir aumentaría. De hecho, más consumidores que antes se animarían a realizar dicha compra. Sin embargo, la gran mayoría todavía no lo vería claro. Esta actitud aún reticente se debe a que, para esta mayoría, su dinero aún tendría subjetivamente más valor que las Q manzanas negociadas al precio P_B. Sin embargo, ya no sería tanta la diferencia.

Por lo tanto, solo cuando el precio es P_C, esa gran mayoría de consumidores estaría dispuesta a realizar dicha compra. Esta actitud indica que su percepción habría cambiado en el sentido que, ahora, para ellos, esas Q manzanas valdrían subjetivamente un poco más que el dinero pagado por ellas. Este cambio de percepción representa en realidad la situación límite, ya que de ahí para abajo, para cualquier precio inferior a P_C, todos los consumidores aceptarían tal intercambio, dando más valor a esas Q manzanas que al dinero que se pagaría por comprarlas.

A través de esta reflexión lógica, podemos entonces concluir que:

1. Todo intercambio implica un dilema, en el que estaría involucrada la optimización de los recursos escasos. De hecho, en todo intercambio el consumidor debe considerar qué artículo tiene más valor: el dinero que

posee o el producto o servicio que desea.

2. El producto o servicio demandado es adquirido solo si, después de dicha reflexión, la ganancia con el intercambio es mayor que la pérdida.

3. La curva de demanda representa el caso límite a partir del cual, para la mayoría de los consumidores, el producto o servicio demandado tendría un poco más valor que el dinero ofrecido para adquirirlo.

4. Tales reflexiones son completamente subjetivas y, por lo tanto, el comportamiento de los consumidores, que provoca cambios en la curva de demanda, involucra factores coyunturales que son efectivamente imposibles de predecir.

5. Teniendo en cuenta el principio de optimización de los recursos escasos, en esta reflexión, el valor atribuido a un ítem, ya sea el dinero, el producto o el servicio demandado, depende fuertemente de cuál sea más escaso. Sin embargo, dado que las necesidades y los deseos de los individuos están limitados por su dinero, **la demanda de productos o servicios dependerá de la abundancia de ese dinero en la economía**.

Cambios en la demanda

Las voluntades de los consumidores de bienes y servicios dependen de un contexto que cambia constantemente. Por ello, la curva de demanda no es fija, sino que puede subir o bajar en función de las necesidades y deseos de los consumidores que actúan en el mercado.

Puede ocurrir, por ejemplo, que los individuos, al acercarse a una fecha especial como la navidad, aumenten sus ganas de consumir. Siendo así, no les temblará la mano a la hora de pagar más (produciendo una subida de precio de P para P') por la misma cantidad Q de productos, lo que provoca un desplazamiento ascendente en la curva de demanda. La interpretación es que, dada esa emoción, los consumidores valoran más los productos o servicios que el dinero que pagan a cambio.

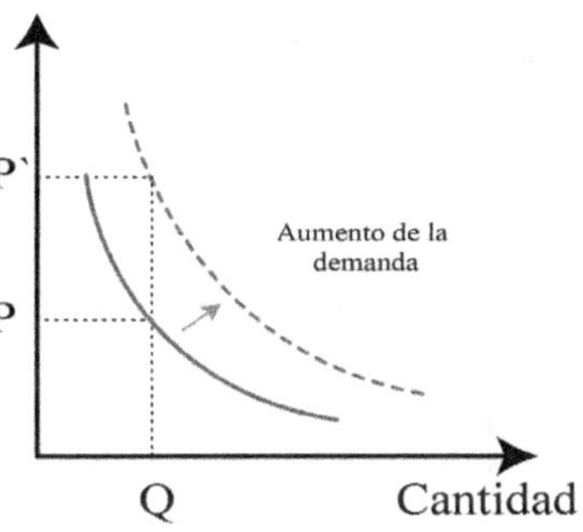

Ya por el contrario, después de un período de consumo excesivo, los individuos pensarán dos veces antes de consumir. Esto producirá un desplazamiento hacia abajo de la curva, lo que provocará que el precio de una cierta cantidad de productos Q cambie de P para P'. La interpretación es que los consumidores generalmente tienen menos dinero para satisfacer sus necesidades o deseos. O desde otro punto de vista, los consumidores dan más valor a su dinero, ahora más escaso, que a los productos o servicios deseados.

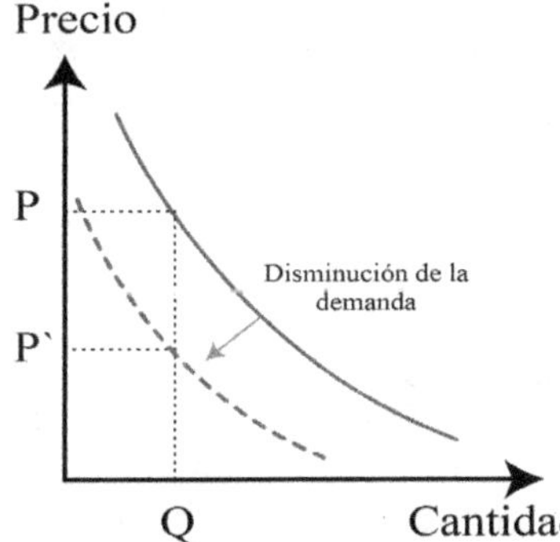

La ley de la oferta

Las necesidades o deseos subjetivos de los productores de bienes y servicios también son inciertos, ya que cada uno tiene un contexto diferente y preferencias particulares que son imposibles de medir. Sin embargo, podemos estimar el comportamiento promedio de los productores a través de la llamada **ley de la oferta**.

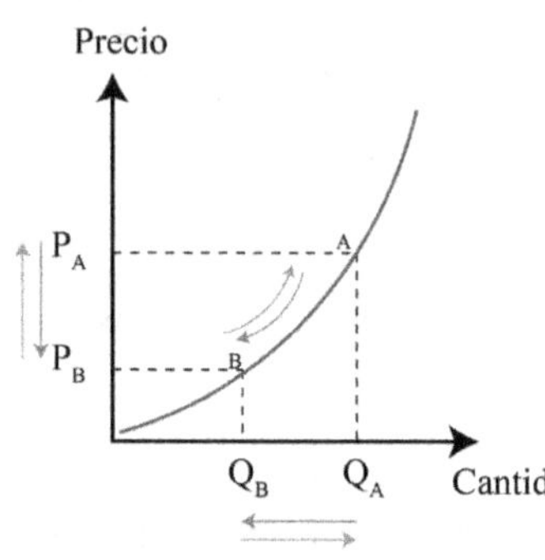

La ley de la oferta establece que cuanto menor sea el precio de un producto o servicio en el mercado (flecha roja en el eje vertical), una menor cantidad será ofertada por el empresario (flecha roja en el eje horizontal), ya que este tendrá un menor incentivo para hacerlo. Y al contrario, si el precio de un producto o servicio es mayor (flecha verde en el eje vertical), una mayor cantidad será ofertada (flecha verde en el eje horizontal), ya que el incentivo sería también mayor.

El significado de ofertar

Profundicemos también un poco más en el significado de ofertar. Para ello, utilicemos ahora la contraparte como ejemplo: productores de manzanas, pensando en ofertar una cantidad Q de ellas a 3 precios diferentes.

Si tal cantidad Q de manzanas fuera ofertada a un precio P_A demasiado bajo, algunos agricultores tal vez aceptarían realizar esa venta. Sin embargo, en general, para la mayoría de ellos, ofertar a un precio tan bajo no sería rentable, es decir, no valdría la pena cambiar manzanas por dinero. O de otra manera, para ellos esas manzanas tendrían subjetivamente más valor que el dinero que recibirían por ellas.

Si el precio de venta ahora subiera para P_B, más agricultores estarían dispuestos a vender por ese precio. Sin embargo, la gran mayoría aún se mostraría reticente a ese intercambio. En consecuencia, para ellos las manzanas ofertadas todavía

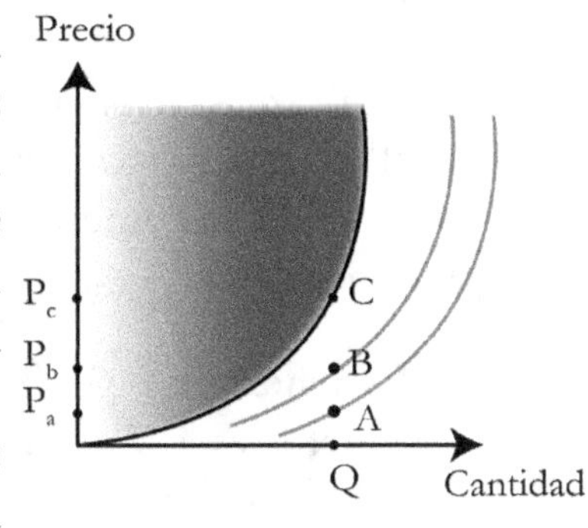

tendrían más valor que el dinero que recibirían por ellas, pero ya no tanto.

De esta forma, solo cuando el precio es P_C la situación cambiaría, porque a ese precio la gran mayoría de agricultores pensaría que habría un poco más de valor en el dinero que recibirían que en las manzanas que ofertarían, y por lo tanto, estarían dispuestos a hacer tal intercambio.

Evidentemente, a partir de ese momento, por cualquier precio superior a P_C, todos los agricultores sin excepción darían más valor al dinero que recibirían que a las Q manzanas a venta y, por tanto, estarían dispuestos a realizar ese intercambio sin dudar.

A través de esta reflexión lógica, podemos entonces concluir que:

1. Todo intercambio implica un dilema, en el que estaría involucrada la optimización de los recursos escasos. De hecho, en todo intercambio el productor debe considerar qué artículo tiene más valor: el producto o servicio ofertado o el dinero que recibiría por él.

2. El producto o servicio ofertado es vendido solo si, después de dicha reflexión, la ganancia del intercambio es mayor que la pérdida.

3. La curva de oferta representa el caso límite a partir del cual el dinero recibido tendría más valor, para la mayoría de los productores, que el producto o servicio ofertado.

4. Tales reflexiones, si bien parecen objetivas, pues cada productor está limitado por un margen de ganancia, terminan siendo completamente inciertas, ya que la oferta de productos o servicios depende de tantas variables, muchas de ellas acopladas y otras imprevisibles que, el comportamiento de los productores es también imposible de predecir.

5. Teniendo en cuenta el principio de optimización de los recursos escasos, en esta reflexión, el valor atribuido a un ítem, ya sea el dinero, o el producto o servicio ofertado, depende fuertemente de cuál sea más escaso. Sin embargo, dado que, a diferencia del dinero, la oferta de productos o servicios está limitada por la Naturaleza, **el valor relativo atribuido a un ítem dependerá principalmente de la abundancia de dinero en la economía**.

Cambios en la oferta

Los deseos de los productores de bienes y servicios dependen efectivamente de un contexto en constante cambio. De esta manera, puede suceder, por ejemplo, que unas condiciones meteorológicas excepcionales proporcionen una óptima cosecha de un producto determinado. Así, los productores, en este caso agricultores, tendrán que ofertar una mayor cantidad de productos (pasando de Q a Q') por el mismo precio P, porque de lo contrario tendrían que tirarlos, provocando un aumento da oferta en el mercado. Esta actitud se debe a que ellos darían más valor al dinero que a los productos ofertados, ya que estos se volvieron muy abundantes.

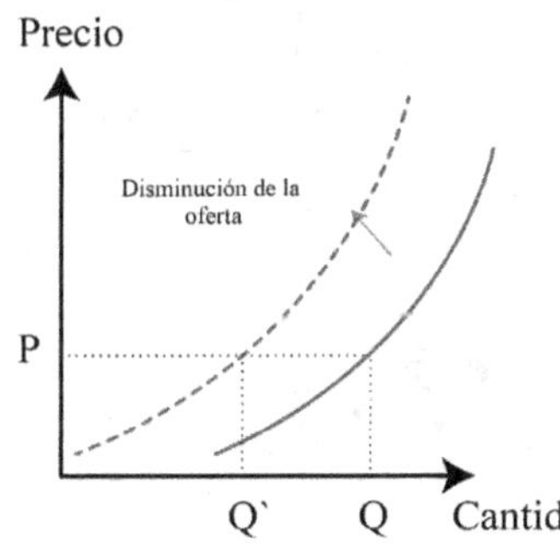

Sin embargo, puede ocurrir que unas lluvias torrenciales arruinen la cosecha, haciendo que la cantidad de productos ofrecidos por los agricultores al mismo precio P sea menor (pasando de Q a Q'), provocando una disminución de la oferta en el mercado. Esta actitud se debe a que en esa situación los agricultores darían más valor a los productos ofertados, ya que estos se volvieron más escasos que el dinero que irían a recibir por ellos.

Mecanismo de generación de precios: ley de oferta y demanda

Si juntamos las necesidades y deseos de los consumidores, que demandan ciertos productos y servicios (curva decreciente) con las necesidades y deseos de quienes ofertan esos productos y servicios (curva creciente), surge un punto en la intersección de ambas curvas conocido como punto de equilibrio. La proyección de este punto de equilibrio en el eje vertical y horizontal marcaría el precio que tendría en el mercado esa cantidad específica de productos o servicios. Este, por tanto, es el **mecanismo de generación del precio** en el mercado.

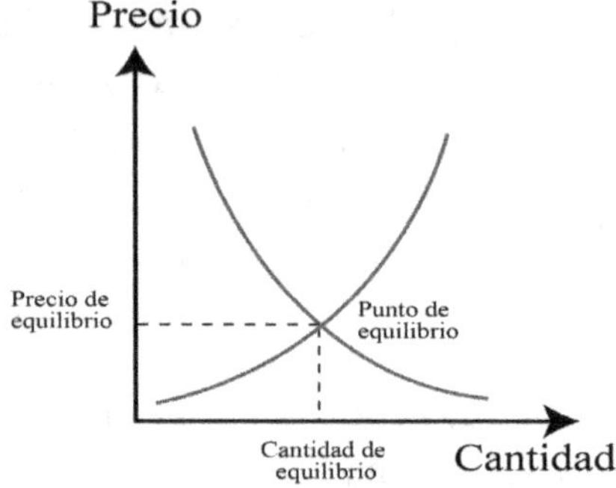

Desde otro punto de vista, este punto de equilibrio marca una coincidencia entre la cantidad máxima que los compradores estarían dispuestos a pagar con la cantidad mínima que los vendedores estarían dispuestos a recibir.

INFLACIÓN Y DEFLACIÓN

Cambios en los precios de bienes o servicios

Tanto la demanda de los consumidores como la oferta de los productores no es fija, sino sujeta a cambios provocados por factores que pueden ser numerosos.

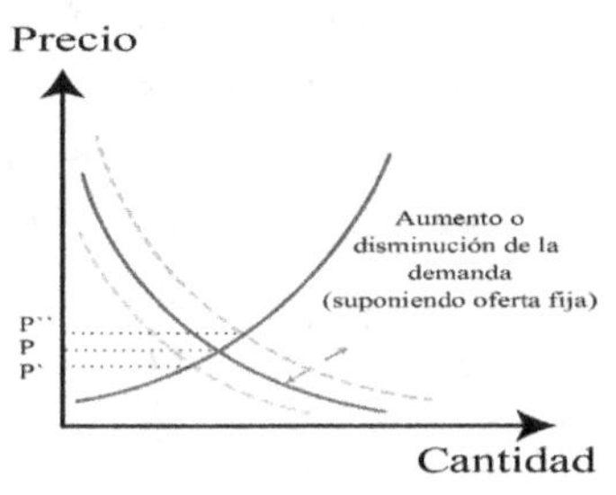

Por ejemplo, suponiendo una oferta fija, un aumento en la demanda de un determinado producto o servicio provocará un aumento de su precio, cambiándolo de P para P'' e, inversamente, una disminución en la demanda de un determinado producto o servicio, provocará una bajada de su precio, cambiándolo de P para P'.

De igual forma, asumiendo una demanda fija, un aumento en la oferta de un determinado producto o servicio hará que su precio baje, cambiándolo de P para P' y, por el contrario, una disminución en la oferta de un determinado producto o servicio provocará una subida de su precio, cambiándolo de P para P''.

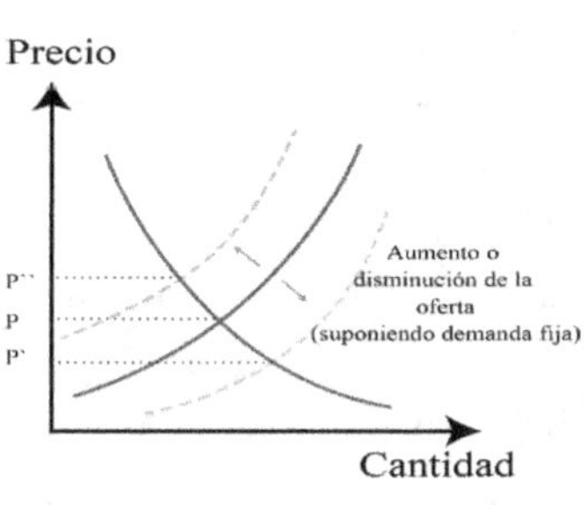

Aumentos o disminuciones de la demanda, manteniendo la oferta fija, y aumentos o disminuciones en la oferta, mantenimiento la demanda fija son, sin embargo, supuestos teóricos usados para facilitar la comprensión, los cuales no tienen por qué suceder. De hecho, tanto la oferta como la demanda pueden cambiar independientemente.

Inflación y deflación

Por diversos motivos (modas, deseos, expectativas, ...) puede suceder que la demanda por un determinado producto crezca fuera de lo normal. Por muchas otras razones (impuestos excesivos, condiciones climáticas adversas, aumento de los costos de los insumos, barreras a la importación, aumento de las exportaciones, ...) también podría suceder que la oferta de un determinado producto o servicio disminuya considerablemente. Como acabamos de estudiar, la ley de la oferta y la demanda determina que, por cualquiera de estos motivos actuando individualmente, o por ambos actuando conjuntamente, el precio de ese producto o servicio tenderá a subir.

Los aumentos ocasionales en los precios de ciertos productos o servicios son normales en la economía e incluso saludables, ya que los consumidores serán incentivados a buscar sustitutos y los productores serán incentivados a ofrecerlos, lo cual fortalece la estructura del mercado. Sin embargo, cuando los aumentos de precios son generalizados, no hay sustitutos a los que acudir. Esta falta de opciones tiene un profundo impacto económico y social, que afecta principalmente a las familias con bajos ingresos. La subida generalizada de precios es un importante fenómeno económico conocido como **inflación**. El proceso inverso, la **deflación**, definida como una caída generalizada de los precios, también puede ocurrir. Sin embargo, por las razones que describiremos en la siguiente sección, la economía está diseñada para evitar ambientes deflacionarios.

La inflación (potencial) es un fenómeno monetario artificial

> "La inflación es siempre, y en cualquier lugar, un fenómeno monetario." Milton Friedman

Al analizar las causas que, a lo largo de la historia, derivaron en eventos de inflación, los economistas no llegan a un consenso. Por un lado, la escuela keynesiana, base de la corriente ortodoxa de Economía, cree que la inflación es un **fenómeno "natural"** en una economía con poco desempleo, por lo que consideran necesaria la interferencia económica de alguna institución, típicamente un gobierno, para así "proteger" a su población de la inflación.

Para los keynesianos, la inflación tiene el significado de subida general de los precios y, como quien sube los precios son los empresarios, pues estos no tienen más remedio que repasar la subida de precio de las materias primas para el consumidor, estos acaban siendo apuntados como los villanos de la inflación. Villanos contra quienes surgen los superhéroes de los políticos, colocándose como los "salvadores" de la población.

Por otro lado, la corriente heterodoxa, la escuela austriaca, cree que la inflación es un **fenómeno completamente artificial**, que se debe a un aumento del dinero y del crédito en la economía no correspondido por un aumento de su demanda, y cuyos únicos responsables son los gobiernos. Desde este punto de vista, el aumento de la oferta monetaria en la economía sería la causa y la potencial subida general de los precios sería la consecuencia. Siendo así, para la escuela austriaca la inflación tendría el significado de inflar, o sea, hinchar la base monetaria.

Nótese entonces la diferencia entre los dos puntos de vista: una cosa es que los precios se inflen "naturalmente", inflación según la escuela keynesiana, y otra es inflar artificialmente la base monetaria, lo que potencialmente provocará subida de los precios, inflación según la escuela austriaca. Sin embargo, como los gobiernos lógicamente adoptaron la escuela de pensamiento keynesiana, la narrativa que permaneció fue que la inflación es el aumento generalizado de los precios, camuflando sus verdaderas causas, las cuales son claras para la escuela austriaca. Dado que la narrativa está realmente perdida, durante este libro será usado inflación con el significado de aumento general de los precios. Sin embargo, en todo momento será explícito que esta es consecuencia, y no causa, de políticas monetarias discutibles.

En realidad, como veremos ahora, políticas como el aumento de la oferta monetaria y, en consecuencia, la expansión del crédito, crean el entorno propicio para que potencialmente se produzca inflación, la cual eventualmente será desencadenada por cambios en los hábitos de consumo de los agentes económicos, forzados en última instancia por dichas políticas monetarias.

¿Quién causa la inflación y cómo se produce?

"La economía es tanto psicológica como 'ciclo-lógica'." Mike Maloney

Todos, absolutamente todos los bienes y servicios, desde un saco de maíz, un barril de petróleo, un corte de pelo, un servicio de manicura, una onza de oro, un bono de deuda, las acciones de una empresa, el valor de un salario o incluso el **propio dinero**, todos siguen la misma ley de la oferta y la demanda, ya que esta ley se basa en patrones de comportamiento humano, que surgen de manera natural al intercambiar cualquier ítem: dinero, productos o servicios.

Desde un punto de vista global, el mercado financiero, dentro del cual se determina el precio del dinero depende de la demanda por la moneda, que a su vez depende de varios factores macroeconómicos (tipos de interés, carga tributaria, confianza en la moneda, flujo de exportaciones, expectativas económicas, ...) y también depende de la oferta monetaria, influenciada principalmente por los mecanismos de regulación del banco central (tipos de interés, fracción de depósitos compulsorios, flexibilización cuantitativa, ...). Estos factores se estudiarán con detalle en el capítulo IV, pero simplificando bastante el valor del dinero depende en gran medida de los bancos centrales, ya que estos a veces actúan como creadores, prooveedores u ofertantes de dinero y a veces como drenadores o demandantes del mismo, mediante el intercambio de activos financieros por dinero.

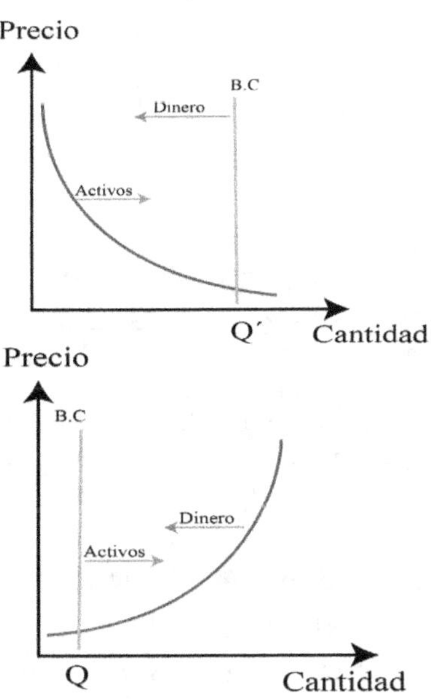

Cuando un banco central actúa como emisor de moneda, lo hace para incrementar la cantidad de dinero en la economía, comprando una cantidad Q' de activos financieros, típicamente títulos de deuda pública. También, un banco central puede actuar como demandante de moneda, vendiendo una cantidad Q de esos mismos activos financieros a cambio de dinero.

Por tanto, un banco central puede actuar en ambos lados, proporcionando una oferta o demanda inelástica. Sin embargo, dado que el balance de los bancos centrales típicamente no para de aumentar, la cantidad de activos financieros comprados tiende a ser mayor que los vendidos. El efecto neto es un aumento creciente del dinero en la economía, lo que provoca una devaluación del mismo a medida que se vuelve menos escaso, sobre todo si este aumento de la oferta no va acompañado de un aumento por su demanda.

Consecuentemente, como el dinero puede eventualmente ser intercambiado por productos y servicios, **una devaluación del dinero implica una apreciación potencial de los productos y servicios,** es decir, un contexto de **inflación potencial**. Y al contrario, **una apreciación del dinero implica una devaluación potencial de los productos y servicios**, es decir, un contexto de **deflación potencial**.

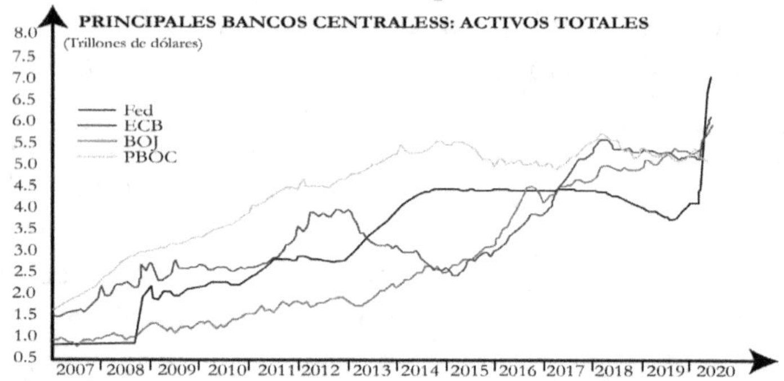

Fuente: Haver Analytics. El balance de los principales bancos centrales del mundo, la Reserva Federal (Fed), el Banco Central Europeo (BCE), el Banco de Japón (BOJ) y el Banco Popular de China (PBOC) no para de aumentar. Un aumento del balance significa que los bancos centrales poseen cada vez más activos financieros, generalmente títulos de deuda, que fueron comprados a cambio de dinero que crearon de la nada.

Es importante analizar el uso del término «potencial». De hecho, una apreciación/devaluación del dinero incluso crearía el entorno para una devaluación/apreciación de los productos y servicios, pero tal evento no tiene por qué suceder inmediatamente. En otras palabras, la apreciación/devaluación del dinero es una condición necesaria para la deflación/inflación de los precios, pero no es una condición suficiente.

La razón está en que, para que una apreciación/devaluación del dinero resulte en una deflación/inflación de precios, los agentes económicos del mercado financiero deben interactuar con los agentes económicos del mercado de productos y servicios. En efecto, esta interacción es progresiva y requiere tiempo para llegar a los últimos estratos de la economía, las familias, que son en última instancia los consumidores individuales de bienes y servicios. Este retraso es lo que se conoce como **efecto Cantillon**, que teoriza que el dinero recién creado tarda en filtrarse a través de la economía y, dado este retraso, los que más se benefician son los que tienen acceso anticipado al nuevo dinero, generalmente las clases altas. Debido a este acceso prioritario, estos privilegiados podrán adquirir productos o servicios aún baratos, pues a medida que vayan comprando el precio irá subiendo gradualmente de manera que los últimos en comprar serán los que más sufran el efecto de esa inflación.

Efectivamente, el aumento de la oferta monetaria creado por los bancos centrales no provoca una inflación inmediata. Para ello, las familias necesitarían interaccionar, como consumidoras, en el mercado de bienes y servicios. Y esta interacción, como ya hemos estudiado en el apartado anterior, depende de necesidades, deseos, anhelos, expectativas o incluso conductas de grupo (efecto manada), tornándola imprevisible.

De hecho, si las familias perciben que tienen dinero suficiente, incluso abundantemente, pero no visualizan un futuro prometedor, entonces darán más valor a su dinero que a los productos y servicios ofertados en el mercado. Como resultado, las familias preferirán ahorrar en lugar de consumir, ya que efectivamente pensarán que será importante tener dinero en el futuro. En este caso, habrá un contexto de inflación que, sin embargo, no termina por materializarse. De ahí el nombre de inflación potencial.

La otra posibilidad es que las familias dispongan de mucho dinero en el presente y sigan creyendo que no les faltará en el futuro. De esta forma, darán más valor a los productos y servicios ofrecidos en el mercado que a su propio dinero. En este caso, las familias preferirán consumir en lugar de ahorrar, ya que pensarán que en el futuro aún tendrán suficiente dinero. Es decir, habrá entonces un contexto de inflación potencial que, esta vez, termina materializándose.

Son, por tanto, las actitudes de los individuos, actuando como agentes económicos, las que tienen el potencial de materializar la inflación. Estas percepciones son efectivamente imposibles de medir y predecir. Sin embargo, es posible estimar las consecuencias de tales decisiones a través de la llamada **velocidad del dinero**. De hecho, si los agentes tienen dinero, pero no creen que sea oportuno consumir, este apenas cambiaría de manos, lo que conlleva una caída en su velocidad. Por el contrario, si los agentes económicos se animan a consumir, se producirá un efecto dominó, haciendo que aumente la velocidad del dinero.

Por ejemplo, ante una percepción futura de mejora, un padre de familia con dinero o crédito disponible puede volverse optimista y decidir comprar un collar de oro para su esposa, algo que no haría en otro momento. Con el dinero de esta compra, ahora en manos del joyero, él también mejora su percepción económica, y decide igualmente comprar, supongamos, un ordenador nuevo para su hijo, algo que tampoco haría en otro momento. Con el dinero de esta compra, ahora en manos del dueño de la tienda de informática, el ciclo continúa según un comportamiento de grupo. De esta manera, es lógico esperar que los cambios en la velocidad del dinero estén aproximadamente correlacionados con los cambios en los precios de los bienes y servicios.

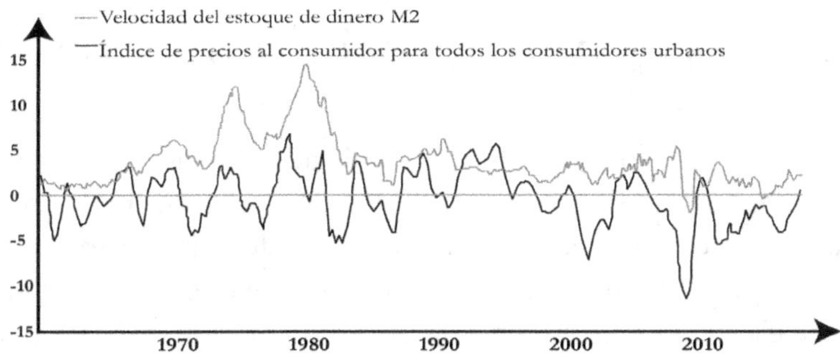

Fuente: Reserva Federal. Aumentos en la oferta de dinero o crédito que no van acompañados de aumentos en su demanda, o disminuciones en la demanda de dinero o crédito que no van acompañados de disminuciones en su oferta son condiciones necesarias, pero no suficientes, para que se produzca inflación de precios. Para que tal inflación se materialice, el dinero debe circular por la economía. En otras palabras, la velocidad del dinero debe aumentar. Efectivamente, las variaciones en la velocidad del dinero se correlacionan aproximadamente con las variaciones en los precios de bienes y servicios, medidos, en este caso, a través del IPC estadounidense (*Consumer Price Index*). La velocidad del dinero, no obstante, como cualquier otro indicador indirecto, no es plenamente confiable.

Resumiendo entonces este largo, pero fundamental apartado, los bancos centrales, al incrementar la oferta monetaria, provocan un entorno de inflación potencial, que solo se materializa cuando el dinero o el crédito llega a las familias y estas creen que es oportuno consumir y no más postergar ese consumo.

CICLOS VIRTUOSOS

Y CICLOS
VICIOSOS

Ciclos virtuosos de la economía

Dado que los gobiernos, a través de los bancos centrales, pueden influir en los precios aumentando o disminuyendo la base monetaria, una pregunta razonable debería ser: ¿por qué no disminuyen la cantidad de dinero en la economía para apreciarlo, lo que potencialmente podría causar una caída artificial de los precios, ayudando así a las clases sociales más pobres y desfavorecidas? Desafortunadamente, a pesar de que nuestros líderes afirman constantemente defender a los pobres, ningún gobierno, independientemente de la ideología, acaba actuando de esa manera.

La realidad es que para los gobiernos es más conveniente forzar un entorno económico inflacionario que un entorno deflacionario, pues en un entorno inflacionario el dinero cada vez vale menos, y siendo así, es mejor consumir cuanto antes que esperar a hacerlo en el futuro. De esta forma, la gente es forzada a consumir en lugar de ahorrar. Curiosamente, tanto el consumo como el ahorro son ambos importantes; lo ideal es realmente el equilibrio, porque al compensar consumo y ahorro, la sociedad estaría equilibrando necesidades y deseos presentes con necesidades y deseos futuros. El caso es que como los gobiernos solo duran 4 años, para ellos es mejor que la gente consuma cuanto antes. No importa si eso agota la capacidad de consumo futura. Eso no es problema de ese gobierno, sino del siguiente.

Forzar el consumo es por lo tanto clave, pues consumir implica demandar y si aumenta la demanda suben los precios y si suben los precios los empresarios ven oportunidades de lucro y montan empresas, las cuales generan más puestos de trabajo para los ciudadanos, que ahora tendrán más ingresos para consumir y así el proceso se retroalimenta positivamente, rompiendo el mecanismo natural de homeostasis de precios y entrando en lo que se conoce como **ciclo virtuoso** de la economía.

Sin importarse con el aumento general de los precios, el cual erosiona el poder adquisitivo de las clases bajas sin estas darse cuenta, los ciclos virtuosos de la economía son perfectos para los gobiernos, pues además de dejar a los ciudadanos felices, la recaudación a través de impuestos se dispara.

Ciclos viciosos de la economía

¡Que lindo! Nuestros líderes son tan extremadamente inteligentes que, como si fuera por obra divina, consiguen que la economía genere felicidad para todos: para ellos mismos y para los ciudadanos.

Nada más lejos de la realidad. De la misma forma que en la Naturaleza no existen los llamados móviles perpetuos: inventos naturales o artificiales que generan energía infinita, en economía no existen los ciclos virtuosos perpetuos, por mucho que insistan en ello nuestros líderes. Además, forzar ciclos virtuosos solo pasará la factura de esta intervención para el futuro y el daño que tendrá el fin del ciclo, al pasar del ciclo virtuoso al llamado **ciclo vicioso**, será catastrófico. De hecho, como veremos en el capítulo IV, la consecuencia de haber forzado ciclos virtuosos continuos durante las últimas décadas ha creado la mayor burbuja económica de la historia (*the everything bubble*) con el potencial de provocar la crisis más profunda jamás vista.

Además de inútil, intervenir la economía es algo muy perjudicial, ya que se rompen los mecanismos naturales y espontáneos de auto-regulación. Debemos entender que, así como nadie debe obligar a otro a ser feliz, nadie debería obligar a la economía a experimentar un ciclo virtuoso forzado, permanente y contra natura.

Los efectos de la inflación

"Durante un proceso de inflación continuo, los gobiernos pueden confiscar en secreto una parte importante de la riqueza de los ciudadanos. Aunque este proceso empobrece a muchos, ciertamente enriquece a algunos." John Maynard Keynes

Para forzar un ciclo virtuoso, todos los gobiernos establecen una meta de inflación. En los países europeos este objetivo es del 2% anual. Sin embargo, en otros países como Brasil este objetivo es del 4% anual. Una inflación del 4% anual implica que, después de un año, para comprar los mismos bienes y servicios que antes, será necesario pagar un 4% más. En otras palabras, después de un año, el poder adquisitivo del dinero habrá perdido el 4% de su valor. Así, haciendo la suma año tras año, después de 12 años y medio, dicho poder adquisitivo se habrá reducido a la mitad (12.5 * 4% = 50%). Es decir, si un ciudadano tuviera 1000 BRL (*brazilian real*) en su cuenta corriente, después de 12.5 años, este individuo seguirá teniendo esos 1000 BRL, pero ahora serán 1000 BRL que solo tendrían la capacidad de comprar 500 BRL en bienes y servicios, pues, debido a la inflación, estos habrán duplicado su precio en estos 12.5 años. La conclusión, por tanto, es que no importa cuánto dinero alguien tenga; lo que realmente importa es cuánto ese dinero compra.

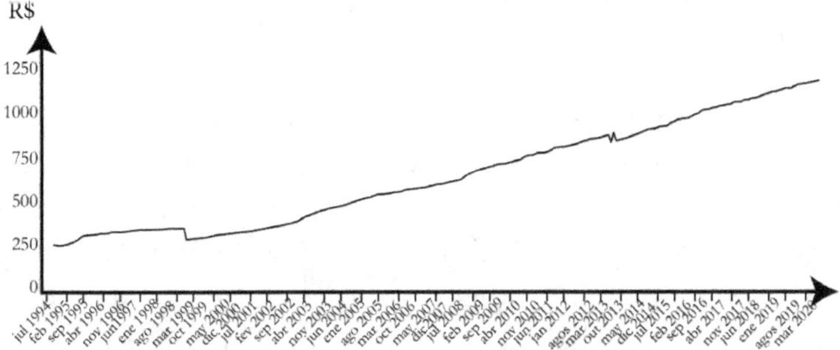

Fuente: Sistema Nacional de Pesquisa de Custos e Índices de Construção Civil (SINAPI). Para disimular las consecuencias del aumento de la inflación, se volvió natural que los constructores oferten viviendas cada vez más pequeñas. De esta forma, el comprador tiene la sensación de que los inmuebles no aumentan de valor. Sin embargo, la realidad es que el precio del metro cuadrado en la grande mayoría de los países, y específicamente en Brasil (medido en BRL), no para de aumentar como consecuencia de la inflación, y nunca se detendrá debido a las políticas monetarias de los bancos centrales.

Teniendo en cuenta este análisis, la consecuencia inmediata es que la inflación perjudica a quienes ahorran, porque si los ahorradores no consumen, su dinero perderá poder adquisitivo con el tiempo. Sin embargo, si la pérdida del poder adquisitivo de los ahorradores es el *trade-off* económico artificial de un entorno inflacionario, ¿quiénes serían los beneficiarios dentro de ese contexto?

Si, según la definición, la inflación es el aumento general de los precios de los bienes o servicios, el propietario u ofertante de esos bienes, o proveedor de esos servicios, saldrá claramente beneficiado. Entre estos poseedores de bienes se encuentran los propietarios de **activos escasos**, que suelen ocupar los escalones más altos de una sociedad: terratenientes, propietarios de inmuebles, poseedores de acciones de empresas, detentores de metales preciosos o de piezas de arte, ... Luego, en períodos de inflación, las clases altas son las más beneficiadas. Y por tanto, desde este punto de vista, la inflación es una forma tácita y pasiva de transferir riqueza de las clases bajas a las clases altas.

Una pregunta que debe surgir en este punto podría ser: si la meta de inflación está hecha para forzar ciclos virtuosos, y por lo visto para favorecer a las clases altas, ¿por qué no tensar más la cuerda para producir ciclos virtuosos aún más intensos y así expoliar más rápidamente a las clases bajas en favor de las altas? En otras palabras, ¿por qué no colocar la meta de inflación directamente en, por ejemplo, 10% o 20% anual?

La respuesta es que eso sí sería percibido por la población y consecuentemente acabaría produciendo mucho caos social. Por tanto, es más conveniente tener paciencia e ir poco a poco. Sin embargo, como veremos, existe otra salida. Los gobiernos tienen de hecho otra forma de producir alta inflación sin que sus ciudadanos perciban. Para entender cómo, es necesario saber cómo se mide la inflación, o mejor dicho, cómo los gobiernos miden la inflación o, de manera equivalente, cómo se mide el poder adquisitivo del dinero. Estudiaremos esto en la última sección de este primer capítulo; antes, es necesario comprender el fenómeno de la hiperinflación.

La pérdida de poder adquisitivo

Muchos pensarán que, dado que Brasil es un país emergente, las pérdidas inflacionarias son normales. En realidad, el poder adquisitivo de todas las monedas, independientemente del país, disminuye continuamente debido a la inflación. El gráfico demuestra la pérdida de poder adquisitivo de una moneda fuerte como el dólar en los últimos 100 años. Efectivamente, 1 dólar en 1913 sigue siendo 1 dólar en 2013, pero con un poder adquisitivo de 5 centavos.

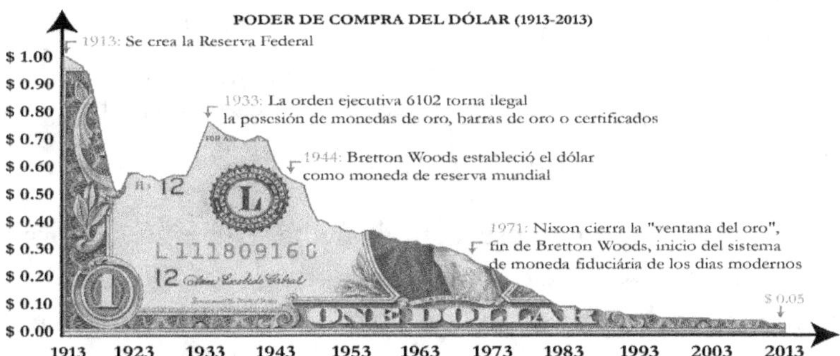

Fuente: U.S. Bureau of Labor Statistics. Poder adquisitivo del dólar estadounidense durante la serie histórica de 1913 a 2013. Se observa cómo a lo largo de ese siglo el dólar estadounidense perdió el 95% de su valor. Los eventos que produjeron estas pérdidas de poder adquisitivo se estudiarán en el capítulo IV.

Los efectos de la deflación

Una pregunta simple, pero razonable debe ser: si la inflación es mala para la mayoría de la población, ¿la deflación es entonces buena?

Ya sabemos que en economía no existen soluciones buenas para todos. Como acabamos de ver, la inflación, de hecho, no es buena para todos, ya que solo favorece a quienes poseen activos. Los que no poseen activos salen perjudicados, pues tendrán que pagar más para comprarlos. Con la deflación, sin embargo, se produce el efecto antagónico.

En un entorno deflacionario hay un gran incentivo para

que los consumidores ahorren, porque si los precios bajan con el tiempo, lo inteligente es posponer el consumo. Sin embargo, si los consumidores no compran, las empresas venden menos, y si venden menos también contratan menos, lo que provoca menores ingresos para las familias, y así sucesivamente, retroalimentando positivamente el ciclo. Sin oferta de trabajo, la gente no dispone de tanto dinero, lo que significa que el Estado no recauda mediante impuestos. La deflación, por tanto, genera un entorno de creciente desempleo, que podría generar descontento social, además de un entorno de bajos ingresos, que no conviene a los gobiernos.

Desde un punto de vista complementario, si en un entorno deflacionario los precios bajan, los que ofertan productos o prestan servicios sufren, ya que reciben cada vez menos dinero por ellos. Entre los afectados se encuentran los poseedores de activos escasos que, como explicamos anteriormente, suelen pertenecer a las clases altas.

Así, a pesar de que, desde el punto de vista de los precios, un entorno deflacionario favorece a las clases más bajas, como los más afectados son los gobiernos y las clases altas, nuestros líderes evitan fuertemente los entornos deflacionarios.

Soluções perfeitas e soluções adequadas

Finalmente, ahora que entendemos los efectos de la inflación y la deflación, para finalizar esta sección, merece la pena una reflexión. Si, por un lado, durante los ciclos virtuosos los ciudadanos disponen de cada vez más dinero, un dinero, sin embargo, que compra cada vez menos, y por otro, durante los ciclos viciosos, los ciudadanos disponen de un dinero que compra cada vez más, pero del cual cada vez disponen menos, ¿cuál es entonces la solución?

La solución es la no intervención. De hecho, es precisamente la intervención en la moneda la que provoca estas falacias de falso dilema. Los ciclos viciosos y virtuosos son, de hecho, trampas retóricas creadas por arquitectos económicos para, tendenciosamente, ante esas "únicas" dos opciones, la población acepte y acabe creyéndose que una es claramente mejor que la otra. Las palabras virtuoso y vicioso en sí mismas ya son completos eufemismos, que expresan un claro sesgo ideológico. Con tales apodos no es necesario ni pensar; se hace evidente cuál será el preferido para la población, a pesar de que esta "mejor" opción se convierta, sin que casi nadie lo sepa, en un acto de auto-flagelación.

No existen soluciones perfectas y dado que no existen soluciones perfectas, no tiene sentido pensar que dirigentes ungidos las traerán. El propio mercado, actuando libremente sin la interferencia de nadie, es de hecho el que mejor sabe distribuir capital. Al no intervenir, la propia economía, en su proceso espontáneo e indómito de auto-organización, será la encargada de encontrar **no las soluciones perfectas, sino las soluciones más adecuadas** en cada momento para la sociedad.

En cualquier caso, para comprender mejor este razonamiento, debemos continuar nuestro viaje por los próximos capítulos. Al final de este viaje, entenderemos por qué y cómo la moneda fiduciaria, la moneda que usamos hoy en día, se ha convertido en una herramienta de control social y de transferencia de riqueza de quienes ignoran para quienes saben. Una herramienta que no fue creada naturalmente por el mercado, sino creada de manera ingeniosa y artificial por nuestros líderes, aprovechándose de la inocencia de los ciudadanos.

HIPER

Hiperinflación

Si la inflación afecta al poder adquisitivo de las clases medias y bajas, la situación se agrava cuando esta deriva para **hiperinflación**. Los eventos de hiperinflación, de hecho, causan mucho descontento en la población y eventualmente conducen a importantes cambios políticos, sociales y/o económicos. La hiperinflación surge de intervenciones mal calibradas por parte de los bancos centrales para salir de ambientes deflacionarios, las cuales provocan cambios inesperados en los hábitos de los ciudadanos, que, a su vez, provocan mayores intervenciones del banco central, o del propio gobierno, actuando desesperadamente. La hiperinflación, por lo tanto, surge como una secuencia en cadena de eventos durante los cuales los cambios, en lugar de amortiguarse, se amplifican; algo típico en sistemas intervenidos.

Para comprender la evolución de un proceso hiperinflacionario, debemos partir de un contexto de deflación. Un contexto deflacionario surge cuando la gente vislumbra un futuro económico incierto. Estas preocupaciones les llevan a dar más valor al dinero que a los productos y servicios ofrecidos en el mercado y, como resultado, dejan de consumir. Esta parada en el consumo afecta a las empresas, que también dejan de contratar o acaban despidiendo empleados. El eventual aumento del desempleo conlleva una pérdida de ingresos de las familias, lo que alimenta positivamente el ciclo, aumentando la sensación inicial de incertidumbre económica.

En estos casos, el propio gobierno, a través de su banco central, actúa para cambiar este sentimiento y así salir de la deflación. Para eso, el banco central expande la base monetaria, haciendo que el dinero sea más abundante, devaluándolo, y abaratando el crédito. Con eso, el gobierno fuerza a la gente a cambiar sus percepciones. De hecho, tal devaluación del dinero implica una devaluación del ahorro de los ciudadanos, que ahora perciben que su dinero no es tan valioso en comparación con los productos y servicios.

La devaluación del dinero y la rebaja del crédito incluso comienza a cambiar la percepción de algunas familias. Sin embargo, estas medidas pueden no ser suficientes para salir de un ambiente deflacionario. De hecho, si estas primeras familias aún son pocas, el impacto en la demanda por productos y servicios puede ser aún pequeño, lo que no cambiaría la tendencia a la baja de los precios.

En este caso, el banco central intensifica sus medidas. La base monetaria se vuelve a expandir y con más intensidad, lo que conlleva una mayor devaluación del dinero y un menor costo del crédito. Este importante aumento de la oferta monetaria provoca una devaluación adicional de los ahorros de los ciudadanos, que ahora se dan cuenta de cómo su dinero pierde valor rápida y continuamente en comparación con los productos y servicios en el mercado.

Esta situación es el punto crítico. En este ambiente de devaluación del ahorro y crédito ultra laxo, el gobierno fuerza un cambio en las actitudes de sus ciudadanos. De hecho, con eso él espera que una masa crítica de familias cambie definitivamente su percepción, dando más valor a los productos y servicios que al dinero, y comience a consumir. Este potencial consumo inicial, la coyuntura de crédito barato y una apreciación de los productos y servicios como consecuencia de la devaluación del dinero es la chispa, a través de la cual el gobierno espera que los empresarios se animen a endeudarse e invertir. Esta inversión inicial generaría empleo, lo que generaría ingresos, lo que incentivaría el consumo, alimentando positivamente el proceso, saliendo así del ciclo vicioso para el virtuoso.

Sin embargo, en ese punto crítico, algunas familias, especialmente los denominados *inside traders*, aquellos con información privilegiada, típicamente pertenecientes a las clases altas, pueden anticiparse a ese movimiento de desvalorización para así proteger su patrimonio. Estas familias entonces intercambiarán su dinero, antes de que se devalúe, por otra moneda extranjera o por cualquier ítem escaso que actúe como **reserva de valor**. Las reservas de valor no son artículos de uso común para comercializar productos o servicios, ya que su uso es justo el contrario: reservar y preservar patrimonio. Con ese movimiento estratégico de "salida" del mercado de consumo, esas familias, al vender sus ahorros, habrán contribuido a producir un aumento de la oferta de dinero en la economía, así como una disminución en la demanda por moneda, ya que estas la rechazaron.

Si esta actitud es llevada a cabo por pocas familias, tal aumento de la oferta y disminución de la demanda de moneda apenas tendrá impacto en su devaluación. Sin embargo, si este comportamiento se extiende a una masa crítica, eso acabará afectando fuertemente al poder adquisitivo de la moneda, reforzando su devaluación, devaluación ya iniciada por el banco central.

Esta posible situación es fatal porque representa un punto

de inflexión (*tipping point*). De hecho, si más familias siguen negando la moneda o el crédito, su demanda disminuirá drásticamente y su oferta no dejará de crecer (retroalimentación positiva), lo que conduce a una mayor devaluación. Esta mayor devaluación provocará una fuerte apreciación potencial de los productos y servicios, la cual solo se acciona cuando los agentes del mercado financiero interactúan en el mercado del consumo. Mientras tanto, los precios pueden todavía seguir bajando, ya que los ciudadanos perdieron la fe en la moneda y, siendo así, acaban preocupándose más en proteger su patrimonio que en consumir.

Llegado a este punto, el gobierno a través de su banco central perdió el control, quedándose casi sin opciones. Un banco central tiene el control macroeconómico de la oferta y la demanda por moneda, sin embargo, no tiene el control microeconómico sobre el consumo. En otras palabras, un banco central puede inducir cambios en los hábitos de los consumidores, pero en última instancia, estos son entidades individuales, cuyas mentes no pueden ser controladas.

Por esta razón, el banco central puede verse inducido a realizar un movimiento radical para forzar la demanda por dinero. En este caso, aumenta aún más la oferta monetaria, devaluando el dinero aún más, pero esta vez haciendo que el dinero llegue directamente a las familias (el irónicamente llamado *helicopter money*). Este movimiento ciertamente alegra a los ciudadanos, quienes se muestran encantados al sentir la abundancia de dinero.

Esta sensación de abundancia puede hacer cambiar la percepción de muchas familias, que valorarán los productos y servicios mucho más que el dinero. Como consecuencia, se produce la interacción entre el mercado del dinero y el mercado de productos y servicios, lo que lleva a una liberación de este estado latente de sobrevaloración potencial de productos y servicios. El consumo entonces se activa. Sin embargo, la abundancia de dinero es tanta y tan continua que los empresarios también valoran mucho más los productos y servicios que ofrecen que el dinero negociado en esa compra. Por lo tanto, por iniciativa propia, los empresarios solo realizan ese intercambio, si es por más dinero. Como resultado, los precios comienzan a subir. Esta actitud natural que provoca una subida inicial de precios se extiende por toda la economía y acaba afectando a los propios insumos. En consecuencia, los costos de producción comienzan a subir y, como resultado, el empresario, ahora sin ser por iniciativa propia, no tiene otra opción que transmitir ese aumento a los clientes. Los precios entonces disparan.

En ese momento, la homeostasis de los precios, que a través de un efecto de retroalimentación negativa amortigua sus cambios severos, está completamente invertida. El aumento de los precios crea una dependencia total de las familias por dinero. El gobierno entonces toma medidas desesperadas, que solo agravan los problemas. Primero, a través de su banco central, satisface esta necesidad aumentando continuamente la oferta monetaria, llevando ese dinero directamente a los hogares. Esta medida, sin embargo, solo provoca un mayor aumento de los precios. En segundo lugar, fija los precios o controla sus aumentos, castigando a los empresarios, lo que acaba desincentivando la producción, provocando más subidas de precios. En tercer lugar, coloca controles al cambio de moneda, lo que produce una huida de empresas, que provoca escasez de oferta y, por tanto, nuevamente precios más altos. En cuarto lugar, aumenta los impuestos sobre las rentas más altas y las grandes empresas, lo que provoca una mayor huida. Las consecuencias, entonces, de esta situación de total descontrol y desesperación conducen a la **hiperinflación**.

Un ambiente de hiperinflación se reduce, por tanto, a:

1. Una acción mal calibrada por parte del banco central, que aumenta la oferta monetaria en respuesta a un ambiente deflacionario.

2. Una reacción de las familias, que reducen la demanda por moneda en respuesta a ese aumento de su oferta. Tal disminución de la demanda provoca un aumento adicional de la oferta monetaria. Esta pérdida de confianza en la moneda crea un bucle de retroalimentación positiva en el sentido de la devaluación del dinero, que posteriormente produce una valoración de bienes y servicios.

3. Varias reacciones desesperadas del gobierno para frenar la apreciación de productos y servicios, que solo retroalimentan positivamente tal desequilibrio de precios, ya que las medidas tomadas conducen a precios más altos y viceversa.

Como vemos, el problema de la hiperinflación radica en la pérdida de confianza de los ciudadanos en la moneda y en los intentos desesperados del gobierno por restablecerla. Cuando no hay intervenciones económicas, el mercado busca espontáneamente un medio de intercambio natural, como fue el oro, el cual establece confianza entre las partes y, de ahí, surge un mecanismo de homeostasis de precios, que los estabiliza a través de retroalimentaciones negativas. Sin embargo, cuando la economía es intervenida a través de la creación o impresión descontrolada y desesperada de moneda, dicha confianza acaba siendo abusada y los mecanismos naturales de auto-regulación se inhiben. Como resultado, surgen retroalimentaciones positivas que descontrolan los precios.

En una economía intervenida la hiperinflación es inevitable

En efecto, el gobierno a través de su banco central puede aumentar la oferta monetaria para devaluar el dinero y el crédito, forzando a las familias a consumir y a las empresas a invertir. Sin embargo, ellos no tienen el control individual de la oferta y la demanda por dinero y, siendo así, no consiguen forzar ciclos virtuosos tan fácilmente.

Los gobiernos son conscientes de ese problema y, por eso, cada vez implementan más medidas para controlar tanto la oferta como la demanda por dinero a un nivel individual. De hecho, para inhibir los procesos individuales que conducirían a aumentos descontrolados de la oferta monetaria en el mercado, es habitual que los gobiernos tomen medidas como:

1. Forzar y reforzar el uso de la moneda curso legal.

2. Limitar o prohibir la compra de ítems que actúen como reservas de valor.

3. Inhibir el cambio de moneda nacional por moneda extranjera a través de controles.

4. Crear delitos por "fuga de capitales" o aumentar sus penas.

Medidas como estas también fuerzan en parte al uso individual de la moneda y, por tanto, afectan a la demanda. Sin embargo, este control global no es suficiente para forzar demanda. Los gobiernos necesitan mecanismos más eficientes que operen a un nivel individual y, para eso, crean dependientes de la moneda. Por este motivo, cada vez más son implementadas medidas como:

1. Ofrecer auxilios a los ciudadanos.

2. Establecer una renta universal.

3. Incrementar continuamente el cuerpo de funcionarios públicos.

4. Crear impuestos de todo tipo, ya que esto obliga a los ciudadanos a utilizar la moneda para tener que pagarlos.

5. Fomentar el endeudamiento, porque a través de la deuda se adquiere el compromiso de tener que usar la moneda para saldarla.

No obstante, por más que los gobiernos, a través de su banco central, se esfuercen por controlar tanto la oferta como la demanda por moneda, tanto a nivel macro como microeconómico, dominando así factores contextuales o exógenos, siempre habrá, sin embargo, una componente endógena, vinculada a las decisiones individuales, la cual se vuelve inalcanzable e incontrolable.

Lamentablemente, tanto desespero por control provoca una creciente intervención económica que no es saludable. De hecho, medidas como las descritas anteriormente provocan al menos:

1. Una fuga de inversores al exterior (debido principalmente a los controles sobre la oferta monetaria).

2. Una carga fiscal excesiva sobre el sector privado, que desincentiva el emprendimiento interior (debido

principalmente a los controles sobre la demanda monetaria).

Como consecuencia, habrá una caída drástica de ingresos, lo que lleva al gobierno a tener que endeudarse; endeudamiento inútil, ya que un gobierno no distribuye el capital de manera eficiente. Como tal, la confianza en la moneda se pierde progresivamente, dando lugar al mismo ambiente de hiperinflación descrito en el apartado anterior. Por lo tanto, en una economía continuamente intervenida, puede llevar años,

décadas o siglos, pero la hiperinflación es inevitable.

La importancia de entender sobre Economía

"Que la gente no aprende demasiado de las lecciones sobre historia es la más importante de todas las lecciones que la historia debe enseñarnos." Aldous Huxley

La historia nos muestra varios eventos de hiperinflación, todos causados por la misma razón anteriormente descrita como es la impresión masiva y descontrolada de moneda y la consiguiente falta de confianza en ella:

- En Francia antes y después de la revolución francesa.

- En la República de Weimar en la Alemania de después de la Primera Guerra Mundial.

- En Yugoslavia durante la década de los 90.

- En Hungría después de la Segunda Guerra Mundial.

- En Argentina durante la década de los 80.

- En Brasil también durante la década de los 80.

- En Venezuela durante los últimos años.

- En Zimbabwe también durante los últimos años, siendo este uno de los mayores registros de la historia, en el que los precios subieron hasta un 231000000% en poco tiempo. Los precios, de hecho, duplicaban a cada día.

En tales casos, para que la moneda nacional no sea ridiculizada y los ciudadanos no pierdan la fe en ella, es habitual que los gobiernos creen una nueva moneda a partir de la anterior, ocultando así los efectos de la hiperinflación.

Es triste comprobar cómo conceptos tan importantes como estos son tan ignorados o tan mal entendidos hoy en día. Antes que cualquier otro asunto, la economía y principalmente, el significado del dinero, debería ser la primera asignatura a ser enseñada en el sistema escolar. Sin embargo, esta es dejada en un segundo plano porque no interesa a nuestros arquitectos económicos que la población entienda el funcionamiento del sistema monetario.

MEDICIÓN DE LA INFLACIÓN

¿Cómo medir el poder adquisitivo del dinero?

"Ame su país, pero nunca confíe en su gobierno."
Robert A. Heinlein

Ya sabemos que los gobiernos establecen una meta de inflación anual para forzar un ciclo virtuoso. Pero para eso alguna herramienta tiene que ser usada para medir cuál es el valor de los precios o, de manera equivalente, cuál es el poder adquisitivo del dinero. En el caso de Brasil, existen varios medidores de inflación, pero el medidor que utiliza el gobierno brasileño para regular el tipo de interés básico es el denominado Índice Amplio de Precios al Consumidor (IPCA). El IPCA consiste en medir el precio de una cesta ponderada de productos que suelen consumir diariamente familias con un ingreso mensual desde 1 hasta 40 salarios mínimos.

Sin embargo, los indicadores de inflación son herramientas sesgadas y fáciles de manipular, porque todo gobierno que "dice" controlar la inflación es prestigiado por ello. Además, en algunos países los salarios de los trabajadores, principalmente los funcionarios públicos, son corregidos de inflación para evitar pérdidas de poder adquisitivo. Entonces, lógicamente, es de gran interés para los gobiernos, por las razones explicadas en la sección anterior, tener una inflación alta, pero reportar cifras oficiales bajas.

Los índices de inflación se basan en la medición mensual del precio de una cesta, cuyos productos, y el peso relativo de cada uno en esa cesta, están cambiando. Desde otro punto de vista, es como si usáramos una cinta métrica para medir distancias cuya escala cambiara de un mes a otro. Este cambio incluso podría tener sentido, ya que es cierto que la demanda del consumidor cambia con el tiempo, pero ¿con qué criterio? ¿Quién establece qué o qué no entra en esa cesta y con cuál proporción? En efecto, los métodos para medir la inflación carecen de rigor.

Un ejemplo de esta falta de criterio es cuando un producto en particular sube de precio. En tal caso, los consumidores buscan productos sustitutos (por ejemplo, carne aviar en vez de carne vacuna) y la cesta de productos usada para medir los precios es alterada, eliminando ese producto particular que encareció o bajando su peso en esa cesta. Sin embargo, el hecho de que ese producto particular se encarezca ya es una señal local de inflación. Una señal que, realmente, se elimina de las estadísticas con la excusa de que ese producto ya no se consume. Otra opción alternativa es que el gobierno use sus propios organismos reguladores públicos para prohibir o castigar tales aumentos específicos de precios, lo cual también camufla presiones inflacionarias.

Curiosamente, ni siquiera las medidas de índices de precios son comparables entre países, ya que cada uno tiene sus propios criterios. Por ejemplo, en Estados Unidos, algunos productos de la cesta tienen asociado un parámetro de calidad, lo cual introduce aún más subjetividad en la medida. ¿Qué significa que un producto mejore de calidad? ¿Cómo se mide el aumento de placer que un producto proporciona? Esta falta de rigor conduce en ocasiones a resultados contradictorios: productos que se vuelven más caros, pero que, por "un aumento de la calidad que ese producto aporta", se reporta como más barato que su precio real de mercado. El sesgo que introduce esta metodología para reportar baja inflación es ineludible, ya que todos los productos sin excepción aumentan de calidad dentro de la coyuntura actual de continuo avance tecnológico.

En general, los índices de precios son herramientas de medición subjetivas, no universales y también relativas. De hecho, son localmente limitadas, ya que los índices de precios miden cómo estos precios fluctúan en relación con la moneda nacional, pero no miden cómo, a su vez, esa moneda nacional se aprecia o deprecia frente a otra moneda extranjera, la cual también se deprecia.

Por todas estas razones, las herramientas básicas que los gobiernos utilizan para medir los precios son adecuadas para ellos, pero no para la población. Podríamos entonces hacernos las siguientes preguntas: ¿Cómo puede medirse de manera absoluta el precio de los productos? O, alternativamente, ¿cómo podemos medir absolutamente el precio del dinero para, basándonos en él, medir el precio de los productos?

La respuesta está en el oro, ya que el oro es el activo sobre el cual fue construido el sistema monetario contemporáneo. Es importante entender este proceso y para eso tenemos que adentrarnos en la historia del dinero.

Capítulo II

ECONOMÍA 0.0

Del trueque al dinero sólido

Introducción

Después de completar el primer capítulo, deben haber surgido algunas dudas.

Para comprender sobre un asunto tenemos que comprender el contexto del mismo y para comprender ese contexto necesitamos conocer su pasado. En este capítulo, por tanto, presentaremos algunos nuevos e importantes conceptos económicos en cuanto comenzamos un breve viaje a través de la historia de la economía, la cual nos llevará los siguientes tres capítulos.

En este segundo capítulo analizaremos cómo el sistema económico fue haciéndose cada vez más eficiente, partiendo de un sistema de intercambios voluntarios basado en el trueque para transformarse en una economía basada en el dinero sólido, principalmente oro y plata.

Inicialmente, estos intercambios, ya sea por trueque o por dinero sólido, se realizaban libremente entre individuos, pero el poder central, al vislumbrar oportunidades de lucro, comenzó a interferir en estos intercambios voluntarios en su propio beneficio.

EL SURGIMIENTO DE LA ECONOMIA

Bienes de consumo y bienes de capital

Como se estudió en el capítulo anterior, de manera general, la búsqueda por la satisfacción personal y, en particular, la optimización de los recursos escasos, específicamente tiempo y dinero, es la fuerza natural que lleva a los individuos a tomar decisiones y actuar. Estas acciones, tanto a nivel individual como en estructuras jerárquicas superiores, se pueden dividir en dos:

- Las acciones que involucran el uso de recursos escasos para sobrevivir, gracias a las cuales se crean y comercializan los denominados **bienes de consumo**.

- Las acciones que involucran el uso de recursos escasos para optimizar su gestión, mejorando así la calidad de dicha supervivencia; acciones gracias a las cuales se crean y comercializan los denominados **bienes de capital**.

Por ejemplo, en un contexto prehistórico, en el nivel jerárquico más bajo, el nivel del individuo, un mamut sería un bien de consumo, pues para lograrlo se utilizó un recurso escaso, un tiempo, con la intención de obtener alimento y así sobrevivir. Un arma como una lanza, en cambio, sería un bien de capital, pues con ella sería posible cazar más mamuts en menos tiempo y, por tanto, estaríamos optimizando el tiempo empleado y, en consecuencia, mejorando la calidad de la supervivencia del individuo, pues ahora podrá usar ese tiempo sobrante para otra actividad diferente.

En un contexto más moderno, un panadero usa su tiempo para producir pan, un bien de consumo importante para sobrevivir. Si, en esa producción, el panadero visualiza oportunidades de beneficio, entonces será incentivado a invertir sus recursos escasos: su tiempo, para buscar un bien de capital como un horno, y su dinero, para adquirirlo. Ahora, gracias a este horno, podrá obtener un lucro mayor usando un tiempo menor. Por tanto, en esa decisión y posterior acción habrá optimizado sus propios escasos recursos y, en consecuencia, la calidad de su supervivencia.

Curva de aprendizaje y especialización

La capacidad humana para aprender algo está limitada por lo que se conoce como **curva de aprendizaje**. Según esta función logística, en poco tiempo seremos capaces de aprender mucho sobre una técnica específica, sin embargo, llevará mucho tiempo convertirnos en especialistas en esa misma técnica.

Por lo tanto, ya que es físicamente imposible ser bueno en todo, la manera

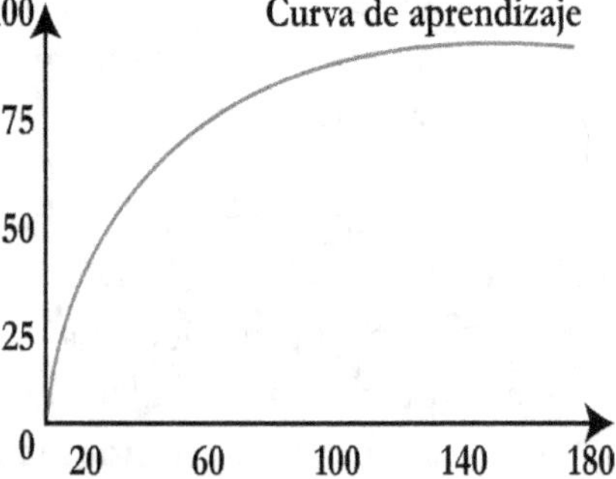

más eficiente de una sociedad se auto-organizar es cuando cada individuo se torna experto en producir algo exclusivo: los ítems de consumo o de capital que el mercado demanda.

El progreso a través de incentivos por el beneficio

Dadas las limitaciones impuestas por la curva de aprendizaje, se entiende que no tiene mucho sentido que un individuo A se vuelva experto en ofrecer un producto o servicio que ya es ofrecido por un individuo B por un precio bajo y de calidad, pues tornarse mejor que B le llevaría mucho tiempo. Efectivamente, es más ventajoso que el individuo A dedique su tiempo a desarrollar otro producto o servicio que sea altamente demandado y/o poco ofertado por el mercado, en cuyo caso el precio será elevado. Y siendo así, la oportunidad de obtener beneficios ejerce un gran incentivo para que el individuo A emprenda en ese nuevo proyecto.

En este proceso de especialización, siempre habrá *trade-offs* individuales a corto plazo, pero que resultan beneficiosos para el conjunto de la sociedad a largo plazo. En este caso, el sujeto A efectivamente saldrá perdiendo porque tendrá que dedicar sus recursos escasos, en este caso su tiempo, para convertirse experto en otra cosa. Sin embargo, la sociedad en su conjunto saldrá ganando, porque ahora, gracias a que A tuvo que buscar otro nicho de mercado, la sociedad en su conjunto tendrá otro nuevo producto o servicio ofrecido por el sujeto A, o el mismo producto elaborado en una forma más barata o de mayor calidad, y que no estaba disponible antes. Este proceso de inventar nuevos productos puede incluso generar un efecto dominó de subsecuentes innovaciones y consecuente creación de empleo. Por tanto, la búsqueda por beneficio, en un entorno de libre competencia, es la fuerza natural que empuja a los individuos a especializarse y esa especialización es la que hace que una sociedad progrese a través de las innovaciones que surgen de forma natural y espontánea dentro de ella.

Es interesante notar que este proceso de avance de una sociedad se lleva a cabo de forma natural desde abajo (los individuos) hacia arriba (la propia sociedad en su conjunto) y no desde arriba (a través de órdenes impuestas) hacia abajo, como suelen pretender nuestros líderes. De nada sirve mandar ni ordenar ni intervenir en las interacciones particulares que tienen lugar entre los individuos. Una sociedad no progresa gracias a las órdenes de líderes iluminados, sino gracias a la llamada "mano invisible del mercado", es decir, **una organización autónoma y espontánea que surge naturalmente de los individuos en su búsqueda por beneficios.**

El trueque

La especialización de los individuos, cada uno experto en un nicho de mercado diferente y específico, dio lugar a lo que se conoce como **economía de trueque**. En una economía de trueque, los excedentes de producción de un sujeto A se intercambian directamente por los excedentes de producción de un sujeto B.

Por ejemplo, un sujeto A que pesca atún puede desear una baguette de pan, pero como él no es especialista en crear pan sino en pescar, lo más eficiente para él es pescar más allá de lo que irá a consumir para así intercambiar ese atún sobrante por baguettes de pan. El sujeto B, que cocina baguettes de pan, terminará pensando de la misma manera, pues ya que no sabe pescar, lo más eficiente para él es dedicarse a lo que sabe hacer, aumentando su producción para así cambiar esas baguettes de pan sobrantes por el atún sobrante del sujeto A.

El trueque es la forma de economía más primitiva, pues en este sistema no se necesita dinero. Como veremos, la forma en que los individuos realizan intercambios voluntarios evolucionará con el tiempo, pero eso no significa que el trueque deje de existir. Hasta los días de hoy, sin darnos cuenta, cuando, por ejemplo, afirmamos que "voy a devolver ese favor", estaremos realizando un trueque, pues estaremos intercambiando un bien o servicio recibido en el presente, por otro servicio futuro en forma de un favor.

La ineficiencia del trueque

La economía del trueque presenta, sin embargo, un importante problema de fluidez. Imagínese la siguiente encrucijada: el sujeto A quiere los bienes o servicios producidos por el sujeto B, pero este sujeto B no quiere a cambio los bienes o servicios producidos por el sujeto A. Es decir, los intercambios entre pares están

condicionados a una **coincidencia dupla de voluntades**, sin la cual el intercambio directo no sería efectuado.

Este problema de doble coincidencia de voluntades puede resolverse introduciendo un sujeto C, de quien B desee sus productos o servicios, y C desee los de A. De esta manera, los artículos que A desea de B, B estaría dispuesto a transferir los suyos para A, desde que A transfiriera a su vez los suyos para C, y a continuación, C transfiera los suyos para B, cerrando así el círculo de intercambios, realizados de esta vez de forma indirecta.

Este círculo de intercambios indirectos, sin embargo, es muy ineficiente, ya que es extremadamente lento y muy dependiente de la confianza entre las partes. Piénsese en que sucedería si el sujeto B transfiriese su ítem para el sujeto A, esperando que A transfiera el suyo para C (para que finalmente B reciba los de C), pero en ese tiempo intermedio C decide cambiar de opinión. Si esta suposición ya es probable entre 3 sujetos, el problema se agrava aún más al introducir más partes involucradas en estos intercambios indirectos.

El surgimiento del libre mercado

Con el propósito de acelerar dichos intercambios, aumentando también el número de posibilidades de transferencia, los individuos de las primeras civilizaciones de la prehistoria llegaron naturalmente con una solución: **el mercado**.

El mercado era un lugar físico donde todas las partes interesadas acordaban intercambiar sus bienes u ofrecer sus servicios de forma voluntaria. Así fue como, naturalmente, debido a las necesidades y deseos de los individuos, surgía **la economía de libre mercado**.

Tal economía de libre mercado solucionó el problema de la lentitud del trueque, pero otro nuevo problema comenzó a surgir, ya que para realizar los intercambios con mayor diligencia era necesario establecer un mecanismo común para cuantificar el valor, en términos absolutos, de cada producto o servicio.

EL SURGIMIENTO DEL DINERO

Los medios de intercambio

Cuando las personas realizan intercambios voluntarios por trueque es natural que algunos de los artículos intercambiados, por sus características particulares, se vuelvan más deseados que otros. Poco a poco, con el tiempo, estos artículos deseados terminan siendo bastante útiles para cualquier intercambio, ya que todo individuo aceptará con gusto cambiar su excedente de producción por este artículo especial.

Este ítem especial, particularmente útil para hacer negocios, es lo que se denomina **medio de intercambio**. Los medios de intercambio solucionan las ineficiencias del trueque porque, como son deseables, los individuos aceptan recibirlos directamente como medio de pago por sus productos o servicios. De esta forma, la propia economía, debido a las necesidades de los usuarios, resuelve el problema de la doble coincidencia de voluntades, y también el problema de cómo cuantificar el valor de los productos y servicios, cuyo valor ahora será medido con base a ese medio de intercambio, neutral para todos los ciudadanos de una sociedad específica.

Dependiendo de las circunstancias, a lo largo de la historia se han utilizado diferentes y curiosos medios de intercambio: animales de granja, granos de trigo u objetos decorativos como piedras o conchas, o incluso cigarrillos, durante la Segunda Guerra Mundial.

El dinero

Entre estos ítems que funcionaban como medio de intercambio, algunos de ellos, por las propiedades que se describirán a continuación, terminaron consolidándose en la economía, convirtiéndose en lo que se conoce como **dinero**.

Para que un artículo en particular, inicialmente utilizado como medio de intercambio, sea elegido naturalmente por el mercado como dinero, normalmente ese artículo debe tener las siguientes propiedades:

- Ser duradero, pues si el artículo perece o se estropea el sujeto perdería todo su patrimonio.

- Ser fungible, pues si un artículo utilizado como medio de intercambio es diferente a otro, los individuos se resistirían a negociar, prefiriendo almacenar el artículo con el mejor aspecto.

- Tener valor intrínseco, porque si un artículo no tuviera valor intrínseco, los individuos lo desecharían en lugar de almacenarlo.

- Ser divisibles, pues eso facilita su intercambio y transporte.

- Ser escaso, pues de lo contrario no tendría ningún valor.

El dinero sólido: los metales preciosos

Obsérvese cómo los metales preciosos como el oro o la plata satisfacen estos 5 requisitos:

1. Los metales preciosos son duraderos, ya que no se oxidan ni evaporan.

2. Los metales preciosos son fungibles, pues, por ejemplo, un anillo y un pendiente de plata, a pesar de ser artículos diferentes, tienen la misma composición química. En este sentido, la plata siempre será plata independientemente de la forma.

3. Los metales preciosos tienen valor intrínseco, pues objetivamente son excelentes conductores eléctricos. Sin embargo, principalmente se utilizan para aparentar alto estatus social y, por lo tanto, su valor intrínseco es realmente subjetivo.

4. Los metales preciosos pueden dividirse en partes menores, lo que facilita su intercambio y transporte.

5. Los metales preciosos son escasos, ya que no hay minas de oro o plata en cualquier lugar.

El hecho de ser escaso es quizás la característica más importante. Piénsese que si un bien es escaso (difícil de encontrar o de crear), esto evita que alguien rompa fácilmente las reglas del juego. Efectivamente, si alguien pudiera crear un artículo con las características de convertirse en dinero (y de hecho, ya ha sido intentado a lo largo de la historia por los llamados alquimistas), entonces ese individuo tendría un gran incentivo para enriquecerse creando innumerables copias, y desnaturalizando con eso el valor del mismo.

Primeros sistemas monetarios

Las primeras monedas, o más bien proto-monedas, fueron las llamadas monedas-herramienta, que aparecieron en la región de China entre el segundo y el primer milenio a.C. Estas proto-monedas, hechas de metal, típicamente bronce, plomo o estaño, consistían en utensilios cotidianos como cuchillos, palas o azadones.

Para facilitar los intercambios económicos durante la China del primer del primer milenio a.C., estas proto-monedas evolucionaron para monedas redondeadas, las cuales se caracterizaban por ser perforadas para así ser coleccionadas en cuerdas.

En occidente, las primeras forjas de monedas se remontan al siglo VII a.C. en la región de Lidia, en la actual Turquía. La moneda lidiana consistía en una aleación de oro y plata, de ahí el nombre de electro. El uso del dinero como sistema de intercambio se extendió posteriormente hacia el oeste hasta las regiones del actual Egipto, Grecia e Italia, quienes acabaron acuñando sus propias monedas. Inicialmente, desde el siglo IV hasta el siglo III a.C., algunas ciudades centrales de la actual Italia utilizaron un sistema monetario basado en la llamada *aes grave*, formada por una alcación de bronce y hierro. Un *aes grave* pesaba una libra o *libra pondo* en latín, de donde surgirá el nombre de monedas futuras, como la libra esterlina (*pound*). Una duodécima parte del *aes grave* era una *uncia* en latín, de ahí la palabra onza, que formará parte del peso troy, un sistema de medidas de masa, procedente de la ciudad francesa de Troyes, surgido durante la época medieval, y que todavía se utiliza hoy en día para medir el contenido de metales preciosos de cualquier pieza.

Este sistema fue adoptado más tarde por la república romana, que actuó como un sellador de calidad, de ahí el nombre de *aes signatum*. A medida que el imperio se expandió, los nuevos expolios de los territorios conquistados permitieron la forja de moneda usando otros metales preciosos: oro y principalmente plata. Estas monedas fueron acuñadas inicialmente por orfebres privados que trabajaban alrededor del templo de Juno Moneta, o Juno "la amonestadora", construido en honor a la diosa Juno. Precisamente, de la palabra latina Moneta es de donde se deriva la palabra española moneda, la palabra *moeda* en portugués y *money* en inglés.

En el año 211 a.C., un nuevo sistema basado principalmente en plata surgía en Roma. Este sistema trajo unas monedas que perduraron durante la mayor parte del imperio romano: el sestercio y sobre todo el denario, de donde surge la palabra dinero. El sistema basado en el denario solo fue reemplazado por Constantino I a partir del siglo III d.C. por otro sistema basado en el soldo o *solidus*, forjado en oro.

LA INTERVENCIÓN DEL ESTADO

Apropiación de la emisión de

monedas

"Déjeme emitir y controlar el dinero de una nación y no me importará quién escriba las leyes." Mayer Amschel Rothschild

Con la adopción de los metales preciosos como moneda, la metalurgia se convirtió en una de las especializaciones más prestigiosas de la historia. Los orfebres podían fundir los metales para separarlos en sus componentes y así forjar la moneda, dándole el tamaño, forma y pureza adecuada.

El poder de la forja no pasó, sin embargo, desapercibido para los emperadores. Existen, de hecho, varios registros históricos de la prohibición y apropiación de esa emisión de moneda. En la China imperial, durante el año 186 a.C., la forja privada fue efectivamente prohibida, convirtiéndose en un monopolio de la dinastía. También, alrededor del 766 d.C., en Japón, orfebres privados fueron capturados y esclavizados por desafiar la emisión de moneda oficial de la corte nipona.

En el imperio romano, como acabamos de describir, la moneda fue acuñada inicialmente por orfebres privados. Sin embargo, ante la creciente inseguridad, estos aceptaron la protección imperial que cuidaba del templo de Juno Moneta. Con eso, el imperio gradualmente tomó el control de la moneda para si propio.

Con la moneda bajo control, el imperio romano podía comprar todos los productos o servicios que desease, incluido el pago a soldados para así ampliar los límites del imperio, logrando con ello más riqueza a través de expolios e imponiendo tributos a los habitantes de las tierras conquistadas.

La apropiación y el monopolio de la forja de moneda o, en

otras palabras, el control de la emisión del dinero, es claramente beneficiosa para cualquier Estado. No debe ser extraño, entonces, que todo gobierno termine tarde o temprano apropiándose de ese poder.

Desvalorización de la moneda en el imperio romano

El hecho de que la emisión de moneda estuviera en manos del emperador criaba un gran incentivo para crear más moneda a un menor costo.

En el caso del imperio romano, este fraude no tardó en llegar, ya que el imperio enfrentaba cada vez más problemas para mantenerse:

1. La región italiana no tenía minas de metales preciosos. Estos tenían que venir de fuera, específicamente, de la región griega o de Hispania.

2. Fronteras más amplias proporcionaba ingresos mayores, pero también mayores gastos militares.

3. La balanza comercial con India era deficitaria, lo que agotó la plata del imperio.

4. Despreocupación de los emperadores por mantener um equilibrio fiscal.

Estos problemas llevaron al emperador Nerón, y a todos los emperadores posteriores, a abusar de la confianza de sus súbditos disminuyendo el tamaño del denario y reduciendo gradualmente el porcentaje de plata que contenía, creando así más monedas con la misma cantidad de plata, es decir, creando más moneda no respaldada por un aumento real de la riqueza. Durante este proceso que llevó siglos, el denario al 100% de plata, creado inicialmente en el siglo II a.C., terminó conteniendo solo 0.02% de plata alrededor del 270 d.C. durante el reinado de Claudio II.

Podemos comprender los efectos de la devaluación de una moneda utilizando los conceptos estudiados en el capítulo anterior. También podemos utilizar dos puntos de vista: el punto de vista de productos o servicios y el punto de vista del dinero como un producto en sí mismo.

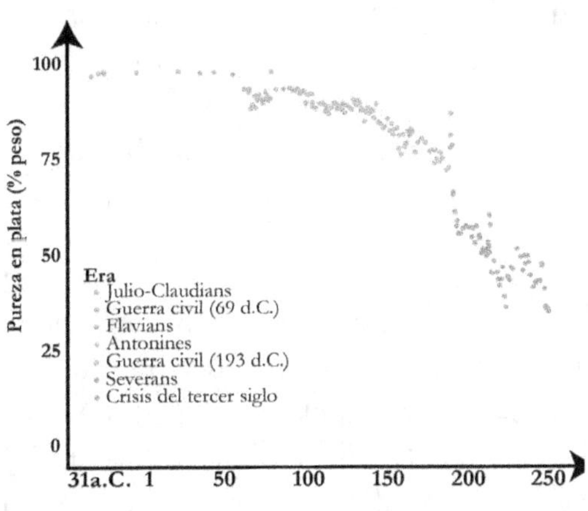

Fuente: "The Metrology of the Roman Silver Coinage" D.R. Walker (1976-78). El porcentaje de plata en el denario romano disminuyó constantemente durante el imperio romano. Esta devaluación de la moneda produjo inflación de precios. La inflación en el imperio romano, debido al abuso de los gobernantes, fue uno de los primeros y mejor relatados eventos de inflación de la historia.

Desde el punto de vista de los bienes o servicios, los productores, que perciben la devaluación de la moneda, exigirán más monedas para vender esos mismos bienes u ofrecer esos mismos servicios, lo que desplaza la curva de oferta hacia arriba, resultando en inflación de precios. Desde el punto de vista del dinero como un producto, si el imperio aumenta la cantidad de dinero que circula por la economía (más dinero por el mismo valor en plata), la curva de oferta monetaria se desplazará hacia abajo, produciendo una devaluación del mismo.

Como sabemos, ambos puntos de vista son realmente equivalentes, ya que el efecto neto de la devaluación de la moneda es siempre el mismo: la pérdida de poder adquisitivo de los ciudadanos, que se enfrentarán a precios más altos o, equivalentemente, disponer de un dinero depreciado, es decir, un dinero que compra menos.

La devaluación de la moneda llevó a los propios soldados a exigir aumentos salariales paulatinamente. De hecho, el salario de un soldado era de 900 sestercios al año en la época del emperador Augusto alrededor del año 1 d.C., el cual aumentó a 2000 sestercios durante el reinado de Lúcio Sétimo Severo, 200 años después. El problema fue que el precio del grano aumentó incluso más de tres veces y, por lo tanto, ni siquiera el aumento de los salarios fue suficiente para hacer frente a la inflación de precios.

Este proceso de inflación en los precios, o de depreciación de la moneda, ocurrido durante el imperio romano, contribuyó a aumentar la disparidad social entre las clases, separando a los poseedores de activos, típicamente las clases altas, de los que no tenían nada, las clases bajas. Tal disparidad social debilitó la estructura del imperio romano, lo que contribuyó a su derrocada.

Capítulo III

ECONOMÍA 1.0

Del dinero sólido al papel moeda

Introducción

En el capítulo anterior entendimos que los individuos tienen necesidades o deseos que necesitan ser satisfechos y para eso producen sus propios bienes de consumo o de capital, u ofrecen servicios, y los intercambian por otros bienes o servicios de otro individuo, el cual produce los suyos.

Como se vio, en las sociedades primitivas eses intercambios son realizados inicialmente mediante trueque. No obstante, es cuestión de tiempo que, dentro de esa misma sociedad, surja el concepto de dinero. El dinero, todavía en forma metálica, facilita y agiliza los intercambios voluntarios entre individuos.

Sin embargo, serán necesarias nuevas innovaciones para simplificar aún más estos intercambios. En este capítulo vamos a estudiar cómo el dinero pasará de ser algo sólido, basado en metales preciosos, a convertirse en papel o, más rigurosamente, en papel moneda.

Más adelante veremos que la introducción del papel moneda traerá muchos beneficios, sentando las bases de lo que llamaremos economía 1.0, un sistema económico aún básico y central, basado en la confianza, más mediante el cual los individuos podrían comenzar a interactuar utilizando nuevos instrumentos financieros, teniendo como base los metales preciosos. Sin embargo, tal confianza eventualmente acabará siendo usada y abusada por el poder central.

EL PAPEL MONEDA Y LOS PRIMEROS BANCOS

Casas de custodia y certificados de depósito

Además de los llamados medios de intercambio que, por sus propiedades, terminaron evolucionando hacia el dinero sólido, durante la prehistoria también surgió otro tipo de dinero: el llamado **dinero representativo**.

Este dinero representativo surgió como una necesidad de los individuos, ya que estos no tenían suficiente espacio o infraestructura para almacenar y proteger sus bienes o sus excedentes de producción. Ante esa encrucijada, algunas civilizaciones como la china o la babilónica, empezaron a ofrecer sus palacios y templos para solucionar ese problema. De esta forma, el usuario dejaba allí su estoque y, a cambio, como recibo, se le entregaba un **token**: una especie de ficha hecha de arcilla.

El dinero representativo no tenía ningún valor, pero los usuarios lo aceptaban en buena medida, ya que podían intercambiar eses *tokens* entre ellos en lugar de perder el tiempo sacando y transportando mercancías de una casa para otra.

Con el tiempo, cuando se empezó a valorar el uso de metales preciosos como medio de intercambio, surgió la necesidad de custodiar no solo los bienes, sino también los metales preciosos, ya que acumularlos dentro del propio hogar empezó a resultar demasiado arriesgado. Fue así como, de manera natural, atendiendo a la demanda del mercado, nació una nueva especialización: el servicio de custodia.

Con esta nueva especialización, los interesados pudieron dejar sus metales preciosos en **casas de custodia** y, a cambio, el custodio emitía un **certificado de depósito**, que garantizaba al tenedor el rescate de todos sus metales preciosos en cualquier momento. Por otro lado, el custodio se quedaba con una pequeña parte del estoque del cliente por ofrecer su servicio de custodia.

Los certificados de depósito ofrecían a los titulares una serie de ventajas:

1. Eran más fáciles de portar y transportar que los metales preciosos.

2. Eran más fáciles de ocultar y, por tanto, más difíciles de robar.

3. Por la misma razón que el dinero representativo, eran más convenientes para canjear por los bienes o servicios de otro individuo, que aceptaba estos certificados siempre que confiase en el custodio.

El papel moneda

Los primeros certificados de depósito conocidos datan de la dinastía Han (desde 206 a.C. al 220 d.C.) en China, que estaban hechos de cuero. Pero por esa misma época, en la ciudad de Cartago, ya empezaba a usarse también el pergamino.

Sin embargo, no fue hasta el siglo VII que los certificados de depósito tomaron formato de papel. Durante la dinastía Tang (siglos VII-X) circulaba libremente el llamado **papel moneda**, siendo comúnmente utilizado por los ciudadanos para realizar sus intercambios voluntarios. El éxito de este sistema monetario fue tal que posteriormente fue adoptado por uno de los mayores imperios de la historia, el imperio mongol, durante los siglos XIV y XV.

En Europa, el papel moneda fue descubierto gracias a los viajes de Marco Polo a China durante el siglo XIII, pero solo fue introducido en el año 1660 gracias a un empresario financiero sueco llamado Johan Palmstruch, quien emitía ese papel moneda, semejantes a los billetes bancarios que usamos hoy en día, para aquellos que dejaran metales preciosos bajo su custodia. El éxito de ese emprendimiento llevó a Palmstruch a fundar el llamado Banco de Estocolmo. Años más tarde, en 1668, este banco fue absorbido por el rey, cambiando su nombre para Banco de Suecia, convirtiéndose así en el primer banco central del mundo.

Como curiosidad, en 1968, 300 años después de su fundación, el Banco de Suecia creó el "Premio del Banco Central de Suecia de Ciencias Económicas en Memoria de Alfred Nobel", comúnmente conocido como el Premio Nobel de Economía.

Préstamos y activos financieros

En un entorno de libre comercio, es normal que ciertos individuos se enriquezcan más que otros. Esto se debe a que los productos o servicios en los que esos individuos se especializaron se volvieron muy demandados, o poco ofertados, por el mercado. En este contexto, algunos de estos individuos que acumularon riqueza comenzaron a especializarse en otro tipo de servicio: el **préstamo** de metales preciosos.

El préstamo es un instrumento financiero muy similar al certificado de depósito, excepto que el dinero fluye en dirección opuesta. En un certificado de depósito, el custodio tiene la obligación de devolver los metales preciosos al depositante, cuando este así lo solicite. De esta forma, el custodio se vuelve deudor y, por tanto, tiene una obligación de pago, es decir, un pasivo, y el depositante se vuelve acreedor, ya que posee un derecho de reembolso, es decir, un **activo financiero**. Al contrario, en un préstamo, quien se queda con los metales preciosos, en este caso el prestatario, se convierte en deudor y, por lo tanto, tiene un pasivo financiero y el prestamista se convierte en acreedor, o sea, tiene un activo financiero.

Los primeros bancos

Los primeros préstamos se remontan a la Babilonia del siglo XVIII a.C., realizados por sacerdotes de templos para comerciantes. Sin embargo, solo fue a partir del año 1100 d.C. que los préstamos se expandieron como instrumento financiero, cuando se hicieron necesarias grandes sumas de dinero para financiar las cruzadas. Fue así como, una vez más, en respuesta a la demanda del mercado, los préstamos pasaron de ser llevados a cabo por particulares a ser realizados por unidades económicas aún más especializadas: los **bancos**.

Ante esta necesidad, el primer banco moderno, y el más importante de ese período, fue fundado en Florencia en 1397 por una familia, los Médici, que se había enriquecido años atrás con el comercio textil. Posteriormente, fueron surgiendo otros bancos en otras ciudades vecinas como Génova, Venecia y Pisa, muchas de ellas convirtiéndose en importantes polos del movimiento cultural de la época: el Renacimiento.

Es interesante notar cómo estas ciudades-estado se convirtieron en grandes centros culturales. La libertad de la época favoreció el comercio, ese comercio trajo riqueza y la riqueza calidad de vida, dentro de la cual sobraba tiempo para el ocio y para dedicarse a actividades culturales. Este es, por tanto, el orden natural de las cosas: la cultura surge de la libertad económica y no al revés.

El uso y abuso de todo poder central

Como ya relatamos en el capítulo anterior, el poder central siempre tuvo un gran incentivo en apropiarse de la emisión de la moneda cuando esta era en forma de metales preciosos. La historia demuestra que este incentivo no cambió en absoluto cuando el dinero comenzó a emitirse en formato de papel moneda. De hecho, en 1023 d.C., el gobierno de la dinastía Song fue el primero en la historia en nacionalizar la emisión de papel moneda y nunca volvió a liberar ese monopolio.

El problema de controlar la emisión de papel moneda es que, como pocos clientes reclaman el canje de su dinero sólido, el custodio posee un gran incentivo en emitir más papel moneda que el vinculado a los metales preciosos en custodia. De esta manera, al emitir más papel moneda que el colateral, si todos los clientes fueran al mismo tiempo a sacar sus metales preciosos a cambio de sus certificados, el custodio no sería capaz de atender esa demanda, no habiendo otra opción que decretar impago. Como consecuencia, si los usuarios pierden la confianza en el papel moneda emitido, su demanda cae, lo que resulta en su devaluación, o equivalentemente, en la inflación potencial de los precios de los bienes y servicios cuando ese papel moneda es de uso extendido.

Desde el momento en que los gobiernos, o cualquier otra entidad central, toman el control de la emisión de papel moneda, los eventos de inflación o hiperinflación se vuelven continuos. En estos casos, como acabamos de explicar, esa entidad central acaba emitiendo más papel moneda del que debería, hasta final y unilateralmente eliminar la convertibilidad de ese papel moneda por metales preciosos.

Fueron precisamente estas razones las que llevaron a registrar uno de los primeros eventos de hiperinflación asociados al papel moneda. Durante el final de la dinastía Yuan (1279-1368 d.C.), el papel moneda perdió casi todo su valor, lo que llevó a los ciudadanos a volver al sistema económico de trueques.

Desde el otro lado del mundo, otra historia interesante vino siglos después del mismo banco de Estocolmo, que fue pionero en Europa en la emisión de papel moneda respaldado en metales preciosos. Muchos empresarios de la época solicitaron préstamos al banco, el cual, sin pensarlo dos veces, comenzó a imprimir papel moneda más allá de lo que realmente estaba garantizado, con el fin de satisfacer la demanda de sus clientes. Sin embargo, en el otoño de 1663, la cantidad de papel moneda emitida era tan grande que su valor comenzó a caer en el mercado. Así, cuando los clientes regresaron al banco para reclamar sus metales preciosos, comprobaron que este era incapaz de satisfacer dicha demanda. Ante esta eventualidad, y solo después de 3 años de su fundación, en 1664, el banco de Estocolmo se declaró en quiebra, pasando de un gran éxito inicial a un rotundo fracaso.

Como estamos viendo, y como continuaremos analizando a lo largo de esta incursión histórica, siempre que el dinero es monopolizado por una entidad central, el eventual fallo y subsecuente fracaso es solo cuestión de tiempo.

ACCIONES Y TÍTULOS DE DEUDA CORPORATIVA

El deseo por productos nuevos

Los viajes de Marco Polo a China durante el siglo XIII no solo sirvieron para introducir la idea del papel moneda en Europa, sino también para estimular la curiosidad de los europeos por productos nuevos como especias o seda. Este deseo por productos exóticos provocó un fuerte aumento del comercio, lo que trajo riqueza a la región.

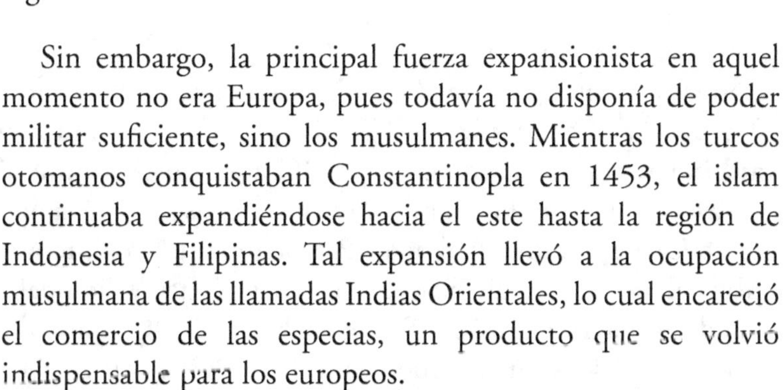

Sin embargo, la principal fuerza expansionista en aquel momento no era Europa, pues todavía no disponía de poder militar suficiente, sino los musulmanes. Mientras los turcos otomanos conquistaban Constantinopla en 1453, el islam continuaba expandiéndose hacia el este hasta la región de Indonesia y Filipinas. Tal expansión llevó a la ocupación musulmana de las llamadas Indias Orientales, lo cual encareció el comercio de las especias, un producto que se volvió indispensable para los europeos.

El aumento del precio de los productos venidos del este generó, no obstante, oportunidades de beneficio y, por tanto, un gran incentivo para que los propios europeos retomaran las Indias Orientales. Fue así como la corona portuguesa, la más avanzada de la época en términos navales, se lanzó a esa aventura. En 1498, Vasco de Gama bordeó el Cabo de Buena Esperanza, logrando llegar a la India. A partir de esa conquista, nuevos navíos fueron enviados y la corona portuguesa fue tomando gradualmente el control del comercio de especias.

La primera empresa multinacional

Lisboa se convirtió así en el centro de distribución de las especias de Europa, de donde eran posteriormente enviadas para Amberes, el cual se convirtió en un centro de redistribución. Sin embargo, por motivos políticos de la corona portuguesa, el centro de redistribución se trasladó a Hamburgo, lo que provocó la quiebra de todos los comerciantes holandeses de la época. Sin embargo, eso creó otro gran incentivo para que los propios holandeses, analizando la oportunidad de beneficio, retomasen el control de las Indias Orientales.

Fue en este contexto que, en 1602, surge la denominada Compañía Holandesa de las Indias Orientales o *Vereenigde Oostindische Compagnie* (VOC), la primera **corporación multinacional** del mundo. La VOC introdujo un nuevo modelo de negocio. Hasta ese momento, todas las inversiones eran efímeras e individualizadas. Por ejemplo, una empresa se creaba para realizar un viaje específico y luego se liquidaba cuando el navío regresaba. Sin embargo, la VOC unificó la flota, formando así una corporación. La VOC se convirtió en la primera empresa que cotizaba en bolsa y durante unos 200 años distribuyó un dividendo del 18% a sus inversores hasta el año 1800, cuando se declaró en quiebra.

La primera bolsa de valores

La palabra bolsa proviene de un edificio que pertenecía a una familia noble belga, los *Van der Buerse*, en la ciudad europea de Brujas, donde se celebraban reuniones de carácter mercantil.

Sin embargo, el primer mercado de bolsa de valores conocido se creó en Amberes, dentro de ese contexto de centro de redistribución de especies durante esa época. Posteriormente, ese dominio pasó a manos de los holandeses, y Ámsterdam se convirtió en la capital comercial del mundo gracias a la VOC, quien fundó su propia bolsa de valores en 1602. Inicialmente, en ese mercado de bolsa solo se negociaban las acciones de la VOC y sus títulos de deuda. Años más tarde, la bolsa se rebautizó como Bolsa de Valores de Ámsterdam, siendo la primera en negociar activos financieros.

Las acciones

La idea de disponer de un lugar físico, la bolsa de valores, donde los individuos pudieran comerciar libremente sus activos financieros, se convirtió en una importante innovación que se extendió a todas las ciudades comerciales de la época. Para una empresa ser negociada en bolsa esta tenía que hacerse pública, mostrando su contabilidad, pues así, cualquier usuario, caso tuviera interés, podría conseguir una porción de la misma. Esta pequeña porción se conoce como **acción**, y esta no es más que un papel que certifica que el propietario es dueño de una pequeña parte de la empresa. Y dado que el número de acciones en las que se divide una empresa es finito, y por tanto teóricamente un activo escaso, si una empresa crece, su acción se habría valorizado. Además, dado que el beneficio generado por la empresa también es propiedad de todos los accionistas, estos pueden decidir si utilizar ese beneficio para que la propia empresa lo reinvierta y se vuelva más competitiva, o pueden decidir, como propietarios, quedarse con parte de ese beneficio. Esto es lo que se conoce como **dividendo**.

Las acciones son como un modo de crear una simbiosis entre la empresa, que necesita dinero para su emprendimiento, y el inversor, que puede encontrar interesante invertir en una oportunidad con el potencial de generar beneficio. Esta simbiosis es una óptima manera a través de la cual, dentro de una sociedad libre, puedan materializarse ideas buenas, pero caras de ser llevadas a cabo.

Títulos de deuda privada

En algunos casos, puede suceder que una determinada empresa tenga un gran incentivo para realizar un emprendimiento, sin embargo, no disponga de suficiente capital para hacerlo. En ese caso, la empresa puede emitir lo que se conoce como un **título de deuda privada**. En esa oportunidad, el inversor que encuentra lucrativo ese emprendimiento decide comprar ese título. De esa forma, el inversor recibe el título de deuda, el cual podrá a su vez vender en el llamado **mercado de deuda** y la empresa recibe el dinero, o más estrictamente el **capital** financiero, con el cual podrá adquirir los bienes de capital necesarios para ofertar más servicios, o mejorar la calidad de los mismos, o para ofertar más bienes de consumo, o mejorar la calidad de los mismos. El título de deuda ofrecido tiene una fecha de vencimiento, después de la cual el inversor recibe su dinero de vuelta además de los intereses del préstamo. O sea, el poseedor es bonificado y, por eso, el título es también llamado de **bono** o *bond*.

Comprender los títulos de deuda, especialmente la deuda pública, es una de las piezas más importantes del rompecabezas económico. Entraremos en eso ya en el próximo capítulo. Por ahora, solo señalar que la deuda puede ser emitida por entidades públicas o por entidades privadas. Dentro de este último, si un banco privado emite deuda, esta se denomina deuda financiera privada. Si una empresa emite deuda, esta se denomina deuda privada no financiera o deuda corporativa.

LOS BANCOS CENTRALES

El modelo de banco central

El sistema monetario de la Europa del siglo XVII era un tanto peculiar. A diferencia de las dinastías chinas y el imperio mongol, en el que el papel moneda se utilizaba ampliamente, en la Europa de aquella época, diversos tipos de moneda basadas en metales preciosos circulaban al mismo tiempo e incluso dentro de la misma nación.

Fue en este contexto cuando, a finales del siglo XVII, surge la figura de uno de los primeros economistas de la historia: John Law. Tras una convulsa vida independiente en Londres, de donde tuvo que huir para evitar la cárcel, Law viajó a la ciudad de Ámsterdam, donde se especializó en Economía.

Law quedó fascinado con este avanzado ambiente mercantil en el que, como acabamos de describir, surgieron los primeros mercados de bolsa y los primeros intentos fugaces de uso del papel moneda, y donde ya existían grandes bancos como el Banco de Ámsterdam, inspirado por el Banco de Suecia.

En 1715 Law se traslada a París, donde ofreció sus servicios a su amigo, el duque Felipe II de Orleans, que se convirtió en regente de Francia tras la muerte de Luis XIV, y hasta que su sucesor, Luis XV, con 5 años de edad en ese momento, llegase a mayor de edad.

Los grandes gastos de la monarquía absolutista francesa habían devastado la economía del país. De hecho, la escasez de metales preciosos había debilitado el comercio, que no generaba suficientes ingresos para la corona. Ante este desafío, el regente Felipe II no tuvo más remedio que confiar en las controvertidas teorías de Law, para quien los metales preciosos no valían nada como riqueza nacional, y sí el comercio. Su idea era crear un banco que administrara las finanzas del gobierno, reemplazando los metales preciosos que circulaban en el mercado por papel moneda y, al mismo tiempo, crear una empresa estatal dedicada al comercio, para así poder negociar los títulos de deuda de la corona por acciones de esa empresa.

Las ideas de Law se pusieron en práctica con la creación en 1716 de un nuevo banco, el Banco General Privado, que fue autorizado a emitir papel moneda respaldado por depósitos en oro. Dos años más tarde, este banco pasó a llamarse Banco Real, que se convirtió en el primer banco nacional de Francia.

La idea de tener un banco nacional, en connivencia con la monarquía, que controlase todas las finanzas de los ciudadanos, agradó lógicamente a otros monarcas. Por eso, poco a poco, la mayoría de los países cercanos comenzaron a establecer su propio banco central.

Corrida a los bancos

—"¿Cómo fuiste a la quiebra?" Perguntó Bill.
—"Pues de dos maneras." Dijo Mike. "Primero poco a poco y después de repente."

Del libro: "El sol también sale" de Ernest Hemingway

El éxito de Law en el establecimiento de un banco central dominante no tardó en convertirse en otro gran fracaso. Después de que este sistema generase grandes beneficios, beneficios principalmente para la monarquía, el regente ordenó la impresión del equivalente a unas tres mil millones de libras, es decir, casi la totalidad del Producto Interior Bruto del país. Esta emisión de papel moneda produjo una fuerte inflación, la más alta de Europa hasta la fecha. Ante esta caída del poder adquisitivo, la ciudadanía empezó a acudir al banco central para rescatar sus propiedades en oro, pero lógicamente el banco no podía atender esa demanda.

Se tomaron entonces dos medidas para contener esa crisis. En primer lugar, el regente prohibió la posesión de joyas y la acumulación de más de 500 libras en metales preciosos. Así, los que tuvieran más de lo estipulado debían llevarlo al banco, banco en plena quiebra, para canjearlo por papel moneda. La segunda medida fue contratar mendigos y vestirlos con picos y palas para hacerlos desfilar por las calles de París, como si fueran a buscar oro a las minas de Luisiana. Por supuesto, ninguna de estas medidas surtió efecto y en solo dos meses la totalidad del sistema financiero nacional entró en colapso, generando una profunda crisis en Francia y en parte de Europa. Nadie más confiaba en el papel moneda de la corona ni en el propio Estado francés. Así, John Law fue despedido, teniendo que huir para Venecia, vestido de mujer, para evitar ser reconocido.

Fue en ese caos económico y descontento social con la monarquía que el país fue conducido hasta la conocida Revolución Francesa (1789), de la que emerge la figura de Napoleón Bonaparte, siendo este el típico personaje populista "salvador de la patria". Bonaparte, inspirado en Alejandro Magno, supo aprovechar el enfado de la población francesa para invadir los países vecinos en un intento de formar un gran imperio europeo. Sin embargo, los delirios de grandeza de una Francia económicamente devastada no llegaron muy lejos.

Con el inicio de las guerras napoleónicas finalizó otra época de gran desarrollo cultural que había surgido en Europa desde la mitad del siglo XVIII: la Ilustración.

Capítulo IV

ECONOMÍA 2.0

Del papel moneda al dinero digital

Introducción

En el capítulo anterior estudiamos cómo el papel moneda, el antecesor de los billetes en efectivo que usamos hoy en día, surgió a partir de certificados de depósito de metales preciosos. El papel moneda ofrecía una ventaja evolutiva a los poseedores, haciéndolos más libres. Esta ventaja proporcionó una mayor cantidad de intercambios voluntarios, haciéndolos más seguros y también más rápidos. Intercambios que favorecieron el comercio, gracias al cual surgieron épocas de grande de desarrollo cultural en Europa. Un desarrollo cultural, sin embargo, interrumpido por el abuso del papel moneda por parte del poder central, lo que resultó en descontento social y posteriormente en guerras.

En este capítulo, continuaremos estudiando el proceso de transformación del dinero, convirtiéndose finalmente en digital, facilitando aún más las transacciones. La creciente especialización en la manufactura de los productos y servicios creará nuevos empleos y reactivará el comercio, haciendo que cada vez más usuarios se involucren en la economía. La mayor parte de la población en todo el mundo comenzará a utilizar gradualmente el papel moneda, ya en forma de billetes, y muchos terminarán usando una cuenta bancaria, conteniendo dinero digital, desde la cual se podrá transaccionar presionando unos pocos clics de ratón. Sin embargo, estos intercambios estarán mediados por un dinero fiduciario, sin valor algún, cuya emisión estará controlada por una entidad emergente en colusión con los gobiernos: los bancos centrales, que paulatinamente irán creando distorsiones cada vez más preocupantes en el mercado financiero.

CAPITAL

La revolución industrial y el capitalismo

Alrededor del año 1750, con colonias en América del Norte, el Caribe y la India, Gran Bretaña controlaba el comercio mundial. En ese momento, el país estaba experimentando una gran revolución agrícola, gracias a la cual la producción se volvió más rápida y barata. Esto, a su vez, provocó una caída de los precios y un aumento de la ociosidad de los campesinos.

Mientras tanto, se había establecido y consolidado una importante institución financiera en Gran Bretaña durante aquella época, el Banco Central de Inglaterra, que había sido fundado en 1694, poco después del primer banco central europeo, el Banco de Suecia.

Con más tiempo libre, más dinero y fácil acceso al crédito bancario, se abría la posibilidad de que los individuos, como consumidores o como productores, participaran en otros sectores de la economía. En este contexto, muchos, otrora campesinos, en busca de oportunidades de beneficio acabaron migrando del campo a la ciudad, convirtiéndose en empresarios o en empleados del sector industrial.

Este fue el contexto de la llamada revolución industrial, en la que la fabricación de productos pasó de ser hecha a mano a hacerse con máquinas. Esta nueva forma de producir se extendió a lo largo de Europa y América del Norte, produciendo una gran mejora en las comunicaciones, un fuerte crecimiento de la población y un aumento de la renta per cápita como nunca vista antes en la historia.

Uno de los factores importantes que hizo posible tal revolución industrial fue un marco legal implementado por el gobierno inglés de aquella época con dos premisas interesantes:

1. La protección de la propiedad privada.

2. Las pocas restricciones al emprendimiento.

Este marco legal, que se convirtió en un éxito, es lo que se conoce como sistema económico capitalista o **capitalismo**. El sistema capitalista estimula a las personas para que, en la búsqueda por beneficio, se animen a emprender en un entorno de libertad, es decir, sin trabas gubernamentales.

El ascenso de Estados Unidos y la URSS

Mientras Francia había sucumbido al modelo absolutista, donde la monarquía, con cada vez menos crédito entre la población, absorbía todo el dinero de esta a través de impuestos, lo que, como hemos visto, desembocó en la revolución francesa y la posterior ascensión de Napoleón, Gran Bretaña se abría al libre mercado y a la industrialización. De hecho, después de la derrota de Francia en las guerras napoleónicas (1803-1815), Gran Bretaña emergió como el principal imperio del siglo XIX. Con su dominio incuestionable, gracias a su flota naval, un período de relativa paz dominó Europa desde 1815 até 1914.

Sin embargo, unos Estados Unidos de América ya independientes de Gran Bretaña, después de que las colonias americanas ganaran la Guerra de Independencia (1775-1783), y sobre todo Alemania, comenzaron a desafiar ese poder. Las tensiones militares entre Alemania y Gran Bretaña fueron, de hecho, una de las razones del estallido de la Primera Guerra Mundial. Este conflicto mundial debilitó el poder militar y económico de Gran Bretaña, que todavía mantuvo su gran imperio colonial después de la Primera Guerra Mundial. Sin embargo, a pesar de salir victorioso de la Primera y también de la Segunda Guerra Mundial, Gran Bretaña no pudo mantener su hegemonía. Después de la Segunda Guerra Mundial dos nuevas potencias habían surgido: los Estados Unidos de América y la Unión de Repúblicas Socialistas Soviéticas (URSS).

EL PATRÓN

El patrón oro en especie

Como se estudió en el capítulo II, uno de los primeros sistemas monetarios conocidos que utilizaba el **patrón oro en especie** fue creado por el emperador romano Constantino I alrededor del 300 a.C., quien acuñó una moneda con 100% de pureza: el soldo o *solidus*. El soldo siguió funcionando durante el imperio bizantino hasta el siglo X, cuando se transformó en el llamado bezant. Sin embargo, con la caída del imperio bizantino, el bezant fue sustituido en Europa por monedas basadas en plata, el estilo del denario romano.

El siglo XV llegó con el surgimiento del imperio español, que a partir de 1497 comenzó a acuñar su propia moneda de plata, el dólar español. Con la colonización de América desde

1492 y el posterior descubrimiento de las minas de plata en México (1522) y Potosí en Bolivia (1545), el dólar español no perdió prestigio y continuó siendo utilizado durante mucho tiempo en la Europa da aquella época. Precisamente de esa hegemonía del dólar español fue de donde surgió el nombre del dólar de la que sería la moneda estadounidense siglos después.

Posteriormente, en 1704, la reina Ana, reina de Inglaterra, Escocia e Irlanda, unificó todos los Estados para crear Gran Bretaña y, con la ayuda de Isaac Newton, miembro de la casa de la moneda británica en aquel momento, estableció a partir de 1717 una nueva proporción de acuñación para favorecer el uso del oro como moneda frente a la plata. El oro se convirtió paulatinamente en la moneda no oficial de la corona británica, siendo oficial solo a partir del 1817, con la moneda conocida como *sovereign*, de valor equivalente a una libra esterlina, con un contenido de 0.2354 onzas troy en oro.

El patrón oro

En aquel momento, el Banco de Inglaterra ya emitía papel moneda a cambio de depósitos en oro, pero en cantidades irregulares. No fue hasta 1833 que el Banco de Inglaterra comenzó a emitir billetes de papel en múltiplos de la libra, convirtiendo así el papel moneda de libras esterlinas en el billete de curso legal en toda Gran Bretaña, pero no sin antes prohibir a otros bancos privados que lo emitieran. En 1844, el Banco de Inglaterra ya permitía la libre convertibilidad de la libra esterlina por su valor en oro.

Este modelo es lo que se conoce como el **patrón oro**. El patrón oro es un sistema mediante el cual, el gobierno que lo implementa, garantiza la total convertibilidad de sus billetes de papel moneda por oro. La idea de esta plena convertibilidad en toda la nación fue modelada por David Hume en 1752, quien notó el estrepitoso fracaso de sus vecinos franceses, cuando el duque de Orleans, bajo la tutela de John Law, comenzó a distribuir papel moneda no vinculado a reservas en metales preciosos.

La total convertibilidad definida por el patrón oro británico permitió un sistema financiero de fuerte confianza, lo que contribuyó, como ya hemos explicado, a que Gran Bretaña se convirtiera en la primera potencia mundial. El éxito de este sistema fue tal que las naciones más importantes, así como las emergentes, lo adoptaron, siendo, en primer lugar, el patrón oro en especie (o el patrón plata en especie en algunos países como España e inicialmente en los Estados Unidos de 1785), y más tarde el propio patrón oro en sí, lo que dio lugar a que cada país tuviera su propio papel moneda soberano.

Eliminación del patrón oro

"En ausencia del patrón oro, no hay manera de proteger los ahorros de los ciudadanos de la confiscación generada a través de la inflación." Alan Greenspan

El patrón oro se convirtió en el sistema monetario internacional ejemplar, dando lugar a una fuerte época de prosperidad entre 1870 y 1913, la llamada *bellé époque*. El sistema basado en el patrón oro era sólido y estable porque la riqueza de un país estaba asociada a sus reservas, sin las cuales no existiría un entorno de confianza y estabilidad de precios. Bajo el patrón oro, ningún gobierno podría imprimir billetes a voluntad, eliminando el peligro de una eventual inflación. O dicho otra manera, bajo el patrón oro, es la Naturaleza quien establece las reglas, no los gobiernos.

Sin embargo, en el preludio de la Primera Guerra Mundial, debido a la escalada de tensión entre las naciones, algunos ciudadanos europeos comenzaron a dudar de la solvencia del sistema financiero. De hecho, los países necesitaban dinero para financiar la eventual guerra y, como las reservas de oro eran limitadas, solo existía la opción de imprimir billetes sin respaldo de oro. Esa falta de confianza generó corridas a los bancos para canjear los billetes soberanos por oro. Ante tal eventualidad, los bancos comenzaron a colocar controles cambiarios. La gran demanda por oro, junto con la disminución de su oferta, hizo su precio disparar y, en consecuencia, el precio del papel moneda desmoronarse. Este efecto general infló los precios en todos los países beligerantes. En Gran Bretaña y Estados Unidos los precios se duplicaron, en Francia se triplicaron y en Italia se cuadriplicaron.

Fue así como, a través de estos controles cambiarios, los países beligerantes al borde de la Primera Guerra Mundial, de forma extraoficial para no aumentar las corridas a los bancos, terminaron tácitamente **eliminando el patrón oro**.

Apelando al patriotismo, el Banco de Inglaterra contuvo ese pánico hasta 1925, cuando logró restaurar el patrón oro. Sin embargo, con el período de la llamada Gran Depresión (1929-1939), que se inició con la crisis estadounidense de 1929, todos los países volvieron a abandonarlo; esta vez de forma oficial y casi definitiva.

EL SISTEMA

BRETTON WOODS

La Reserva Federal

"Creo que el sistema bancario es más peligroso para nuestras libertades que los ejércitos regulares." Thomas Jefferson

Después de la Segunda Guerra Mundial, y a pesar de haber salido vencedora, Gran Bretaña quedó devastada, su economía se hundió en deudas y todas sus colonias fueron perdidas. El dominio británico había llegado a su fin, siendo Estados Unidos y la URSS las nuevas potencias mundiales emergentes.

Estados Unidos había adaptado su economía a las necesidades bélicas de la época, enriqueciéndose considerablemente durante el período de las guerras mundiales. Eso le permitió mantener el patrón oro, incluso durante las guerras, lo que le dio mucho prestigio. Estados Unidos, de hecho, pasó de ser un país deudor a un país financiador de las naciones en conflicto. Fue así que, hacia 1945, al final de la Segunda Guerra Mundial, con solo el 7% de la población global, la economía estadounidense representaba el 50% del Producto Interior Bruto mundial.

La economía estadounidense, sin embargo, sufrió varias crisis ocasionales durante los años anteriores, lo que le llevó a instaurar en 1913 su propio banco central, la llamada **Reserva Federal**. Sin embargo, a pesar de haber sido instituida para mitigar las crisis, la Reserva Federal no pudo contener la Gran Depresión. En un intento por superar esa crisis económica, el Congreso estadounidense tomó en 1933 una controvertida medida: la orden ejecutiva 6102, mediante la cual era permitido al gobierno confiscar el oro de sus ciudadanos. Un año después, en 1934, mediante el *Gold Reserve Act*, la propiedad de todo el oro de los ciudadanos pasaba automáticamente a manos del Tesoro americano. Sin embargo, el gobierno les garantizaba la convertibilidad de su oro por 35 dólares la onza, bastante más que los 21 dólares por onza del canje que había sido previamente establecido por el *Gold Act* en 1900. En otras palabras, los ciudadanos obtenían un papel moneda ya devaluado un 66% frente al oro. Además de eso, se prohibía al Tesoro o a cualquier otra institución financiera cambiar papel moneda (dólares) por oro.

El sistema Bretton Woods

Las nuevas potencias mundiales emergentes, Estados Unidos y la URSS, tenían políticas económicas completamente antagónicas. Mientras que la URSS había abrazado el comunismo para oponerse al dominio inglés de principios del siglo XX, Estados Unidos había heredado el capitalismo británico de su patria madre. Mientras que la URSS imponía un sistema económico cerrado y proteccionista, Estados Unidos implementó un sistema abierto y de libre mercado. Sin embargo, Estados Unidos tenía un grave problema: ¿con quién iría a comercializar en una economía global devastada por dos guerras mundiales consecutivas y con la mayoría de los países temerosos de abrir sus puertas al comercio para no perder sus reservas de oro?

Precisamente para abrir el comercio, en 1944, Estados Unidos organizó una convocatoria internacional en Bretton Woods (New Hampshire, EEUU) con la agenda principal de establecer un nuevo orden económico mundial. Como resultado del acuerdo, las transacciones internacionales debían ser realizadas en una moneda estable, como el dólar americano, y el resto de las monedas nacionales estarían vinculadas a él. Para eso, los Estados Unidos se comprometieron a mantener dicha estabilidad, sosteniendo el precio del dólar a 35 dólares por onza de oro. Así, era permitido cambiar dólares por oro, siempre que no fueran empresas o ciudadanos. El acuerdo de Bretton Woods también dio lugar al Fondo Monetario Internacional, creado fundamentalmente para ofrecer financiamiento a países emergentes o deficitarios.

DINERO FIAT

La ruptura de Bretton Woods

Para frenar la propagación de la influencia comunista de la URSS en Asia, los Estados Unidos decidieron combatir la reunificación de Vietnam bajo un gobierno comunista. Así, en 1955 Estados Unidos entró en la llamada Guerra de Vietnam (1955-1975). Después de haber salido vencedores de la Segunda Guerra Mundial, e incluso haber sido los protagonistas, los Estados Unidos creyeron que el conflicto vietnamita sería resuelto rápidamente, pero no fue el caso. El presupuesto militar tuvo que incrementarse varias veces y esto llevó a Estados Unidos a imprimir miles de millones de dólares sin respaldo en oro y a enviarlos al exterior para financiar la guerra. Mientras tanto, durante los años posteriores al acuerdo de Bretton Woods, los países europeos, principalmente Francia, utilizaron la plena convertibilidad del dólar para cambiar astutamente sus dólares por oro. Tal reclamo hizo reducir significativamente las reservas de oro estadounidenses, ubicadas en Fort Knox (Kentucky, EEUU).

Los Estados Unidos no podía permitirse el lujo de perder su oro, por lo que, en agosto de 1971, Richard Nixon **suspendió unilateralmente el acuerdo de Bretton Woods**, cancelando así la conversión de dólares por oro. Poco después de la divulgación de esa medida, el dólar se devaluó frente al oro, o sea, el dólar colapsó y, con eso, su poder de compra. En otras palabras, a través de esa grande perdida de poder adquisitivo, el pueblo americano se convirtió en el responsable de pagar la factura de la guerra de Vietnam.

El dinero fiat

> "Es posible dejar a las personas satisfechas con su esclavitud. Es solo bombardearlas con cantidades infinitas de distracción y propaganda." Aldous Huxley

La eliminación definitiva del patrón oro dio entrada a una nueva era, conocida como la era del **dinero fiat**, de la cual formamos parte hoy en día. Eliminar el patrón oro implica que el dinero que usamos actualmente es solo un papel pintado, sin ningún valor intrínseco, y que apenas tiene valor porque la gente desconoce todos estos acontecimientos.

A pesar de que este asunto es bastante incómodo para nuestros dirigentes y miembros de bancos centrales, estos han contornado la situación apelando al patriotismo y usando el eufemismo de dinero fiat o dinero fiduciario, argumentando que el único respaldo de la moneda seria la fe de los ciudadanos en su país y en su gobierno. Sin embargo, la cruda realidad es que ese respaldo se debe más a la ignorancia que a la fe, ya que la gran mayor parte de la gente desconoce el funcionamiento del sistema monetario y financiero.

El hecho de que el dinero que usamos en la actualidad no tenga ningún valor es alarmante. Si la gente supiera eso, el sistema económico mundial colapsaría en cuestión de horas. Pero como la mayoría de las personas están ocupadas en sus tareas diarias, y también un tanto acomodadas sin cuestionarse el funcionamiento del sistema, pues que la vida siga.

En realidad, todo está perfectamente diseñado. Los que saben han creado un sistema para sacar provecho de los que no saben o de los que ignoran. El resto, solo un poco de condimento en forma de omisiones de la realidad, cortinas de humo, eufemismos, falacias y distracción constante a través de la creación de falsos enemigos de la sociedad con el propósito de colocar ciudadanos contra ciudadanos. Ni Platón hubiera imaginado una caverna tan perfecta.

La trampa del dinero fiat

> "Hay dos formas de conquistar y esclavizar una nación. Una es con la espada; la otra es con la deuda." John Adams

Cuando un gobierno necesita dinero, ya sea porque no tiene reservas de oro, o incluso teniendo, porque no quiere gastarlas, solo tiene dos opciones:

1. Aumentar los impuestos a sus ciudadanos o,

2. Emitir títulos de deuda, que teóricamente se consideran seguros, ya que un gobierno siempre tiene el monopolio de la fuerza, y por tanto, la capacidad de recaudar a través de sus ciudadanos, convirtiéndose gracias a ellos en un óptimo pagador.

De esta manera, la realidad es que cualquier aumento del gasto público es realmente una cuenta que pagan los ciudadanos, ya sea por un aumento de impuestos en el presente o por un aumento de impuestos en el futuro para así pagar esa deuda. Por supuesto, una subida de impuestos nunca es del agrado de la población, principalmente porque tiene efectos inmediatos y porque ya suelen ser demasiado elevados. Entonces, el método más común hoy en día cuando los gobiernos necesitan dinero es endeudarse.

Sin embargo, como veremos, la consecuencia de este endeudamiento es la impresión masiva de dinero fiduciario, porque crearlo no cuesta nada, y esto, como sabemos por el capítulo I, acaba culminando en inflación cuando el aumento de la oferta monetaria no va acompañado de un aumento en su demanda. Esta inflación implica que la gente tiene un dinero que compra menos, lo que significa que la población vuelve a ser quien paga la cuenta del endeudamiento de los gobiernos; solo que de esa vez, en lugar de ser vía aumento de impuestos, será a través de inflación. La inflación, traducida en una pérdida de poder adquisitivo de la población, es una forma mucho más encubierta de pagar la deuda pública.

Durante las próximas secciones, intentaremos comprender este proceso de emisión de dinero e sus consecuencias. Para ello, debemos primero entender qué es realmente el dinero fiduciario y cuáles son sus formatos, cómo funciona el mercado interbancario y cómo funciona el mercado de deuda pública. Empecemos por el primero.

EL DINERO DIGITAL

Tipos de dinero fiat

Antes de ahondar en las deficiencias del sistema económico contemporáneo, las cuaales tienen que ver con el "cómo" y el "por qué", primero debemos entender detalles sobre los **tipos de dinero fiat**, que se refieren al "qué", "dónde" y "por quién".

El sistema bancario actual utiliza dos tipos de dinero fiduciario:

1. Dinero en forma física, ya sea en moneda o en billetes, el cual es creado únicamente por el banco central.

2. Dinero en formato digital en cuentas bancarias, que es creado por bancos privados y también por el banco central.

Ambas formas de dinero son equivalentes en el sentido en que, teóricamente, existe una convertibilidad total entre ellas. A pesar de que eso, desde un punto de vista práctico, es imposible porque, como veremos, hay mucho más dinero en formato digital que en formato físico, y por lo tanto, si una masa crítica de personas acudiese al banco para retirar su dinero en la forma de billetes físicos, no habría suficiente para todos.

El dinero digital

Durante estas últimas décadas, y aprovechando el rápido avance de los ordenadores desde la segunda mitad del siglo XX, y la posterior innovación de la comunicación entre ellos a través de internet, el sistema bancario también se ha modernizado rápidamente. Todo dentro de un contexto histórico en el que el dinero se ha convertido en algo cada vez más inmaterial y, por tanto, algo cada vez más fácil de transportar e intercambiar.

Desde el capítulo II hasta el presente capítulo, estudiamos una breve historia del dinero. Vimos cómo el trueque fue transformándose en intercambios basados en metales preciosos. Posteriormente, los mismos metales preciosos se transformaron en notas de papel equivalentes. Y finalmente, hoy en día, gracias a los ordenadores e internet, el dinero ha perdido toda su materialidad para convertirse en simples dígitos dentro de una cuenta bancaria, es decir, **dinero digital**.

En este entorno, y forzados, como siempre, por las necesidades del mercado, los bancos han desarrollado un entorno amigable y fácil de usar, llamado *online banking*, gracias al cual los usuarios pueden mover su dinero digitalmente con unos pocos clics del ratón e incluso transmitirlo internacionalmente utilizando una red de mensajería interna llamada SWIFT (*Society for Worldwide Interbank Financial Telecommunications*).

Sin embargo, de la misma manera que para utilizar la información de una red social particular, el usuario necesita acceder a ella, ya que es en esta red social donde se encuentran todos sus datos (perfil, fotos, contactos, publicaciones, ...), los usuarios del *online banking* deben acudir hasta su agencia, ya sea física o virtualmente a través de internet, sin lo cual es imposible gestionar el dinero.

El hecho de que sea el usuario el que dependa de la agencia y no la agencia quien dependa del usuario, crea sin embargo un entorno de incentivos erróneos, también vulnerable a fallos sistémicos debido a la centralización de la información. El propio hecho de que el dinero del usuario esté en la sucursal bancaria, y no bajo la custodia del propio usuario, crea un gran incentivo para que dicha agencia utilice el dinero de este sin su consentimiento. Curiosamente, como veremos, esto es precisamente lo que sucede.

Además de lo anterior, el sistema SWIFT para transferencias internacionales fue gradualmente monopolizado por los Estados Unidos, quien terminó por prohibir las transacciones financieras para países como Cuba o Irán, con los que no guarda una buena relación. Estas prohibiciones afectan a estos gobiernos un tanto conflictivos, pero sobre todo afecta a sus ciudadanos, los cuales no deberían ser culpados por las polémicas decisiones de sus gobernantes.

Por estos motivos, y por otros que veremos más adelante, los usuarios necesitan un sistema alternativo libre de intermediarios. Un sistema diferente en el que ellos sean sujetos y no más objetos. Un sistema donde sea el usuario el único y exclusivo detentor y administrador de su patrimonio.

La base monetaria y sus agregados

Dado que tanto los bancos centrales como los bancos privados pueden crear dinero digital de la nada, los bancos centrales deben establecer algún método para contabilizar cuánto dinero hay en la economía y en qué estado se encuentra. Aquí es donde entran los llamados **agregados monetarios**.

El dinero se suele clasificar en función de si son obligaciones del banco central (llamados de M0 y MB) o si son obligaciones de los bancos privados (llamados de M1, M2 y M3), que se ordenan respectivamente según su liquidez.

Se considera **M0** como el dinero físico (billetes y monedas) creado por el banco central, que se encuentra en circulación, es decir, fuera de las arcas del propio banco central y del resto de bancos.

Se considera **MB**, denominada base monetaria o Monetary Base, como el agregado de M0 junto con el resto del dinero físico que está guardado en cofres y por lo tanto no está en circulación. También se incluyen en MB las reservas bancarias, es decir, dinero en formato digital que las instituciones bancarias tienen en las cuentas de reserva dentro del

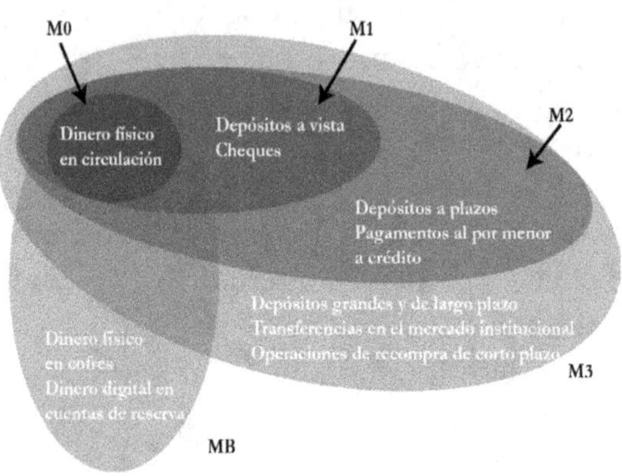

banco central. Tanto la base M0 como el agregado MB son pasivos en el balance del banco central, de ahí el apellido de "obligaciones del banco central".

Además de la base monetaria MB y M0, los bancos privados pueden expandir la cantidad de dinero en la economía ofreciendo crédito. Aquí es donde entra en juego los agregados M1, M2 y M3. El agregado **M1** sería la MB, excluyendo el dinero físico y digital en pose del banco central, e incluyendo depósitos a vista y cheques. Es decir, M1 sería tanto el dinero físico (M0) como el dinero digital que está en circulación y, por tanto, disponible para gastarlo, o dicho de otra forma, el dinero de gran liquidez. El **M2** sería el M1 incluyendo el dinero menos disponible, por ejemplo, los depósitos a plazos. Y el **M3** sería el M2 incluyendo depósitos a largo plazo y otros tipos de activos menos líquidos.

EL MERCADO INTERBANCARIO

Mecanismos de regulación de la oferta monetaria

Ahora sí, una vez que hemos entendido el "qué", podemos proceder a entender el "cómo". Como ya se mencionó en el capítulo I, los gobiernos han tercerizado la emisión de dinero hacia los bancos centrales, la cuales disponen de tres mecanismos convencionales para regular la cantidad de dinero en la economía y un cuarto mecanismo, digamos, no convencional. Estos son:

1. La fracción de depósitos compulsorios.

2. La tasa de interés de descuento.

3. Las operaciones de mercado abierto.

4. La flexibilización cuantitativa.

En esta sección estudiaremos el primer y el segundo mecanismo. El tercero y cuarto serán en las siguientes secciones, después de haber entendido el mercado de deuda pública.

Además, por otro lado, los bancos privados también pueden crear dinero en formato digital, a partir de crédito. Comprendamos entonces primero el funcionamiento de los bancos privados y, posteriormente, el papel de los bancos centrales a través de los mecanismos mencionados.

Reserva fraccionaria y expansión crediticia

"El banco se beneficia a través de intereses sobre todo el dinero que él crea de la nada." William Paterson, fundador del Banco da Inglaterra.

En efecto, los bancos privados se benefician al generar crédito a través de un mecanismo llamado **reserva fraccionaria,** el cual podemos explicar mediante el siguiente ejemplo.

Supongamos un sujeto A que deposita 10000 dólares de dinero físico en su sucursal bancaria, llamémosla sucursal A. Esta sucursal escribe entonces esos 10000 dólares digitalmente en la cuenta bancaria de A. Al hacerlo, está sucursal transforma el dinero físico, dinero de banco central, en dinero digital. Ahora, de ese dinero, esta sucursal A debe guardar compulsoriamente 2000 dólares (20% del depósito), pero podrá prestar el resto. De esta manera, si un sujeto B solicita un préstamo en la sucursal A, esta podrá prestarle hasta 8000 dólares del dinero que pertenecía al sujeto A. Para ello, escribe en formato digital 8000 dólares en la cuenta bancaria de B. El sujeto B ahora podrá sacar físicamente esos 8000 dólares de la sucursal A y depositarlos en su propia sucursal, llamémosla sucursal B, la cual escribe ese número digitalmente en la cuenta de B. Ahora, la sucursal B deberá a su vez mantener obligatoriamente 20% de ese depósito, 1600 dólares, pero podrá prestar el resto (6400 dólares), y así sucesivamente.

A través de este mecanismo, los bancos otorgan crédito, es

decir, crean dinero nuevo, dinero digital, a partir de deuda. En resumen, de los 10000 dólares iniciales de dinero físico, se han creado 8000 adicionales de dinero nuevo (el dinero que pide prestado el sujeto B), además de una deuda de 8000 dólares (el dinero que el mismo sujeto debe al banco). Luego, de esta manera, fue aumentada la cantidad de dinero (10000 + 8000 = 18000) a partir del depósito inicial y a partir de deuda (-8000).

Observe cómo el sistema de reserva fraccionaria presenta al menos dos problemas graves:

- El dinero depositado por los usuarios no está a su disposición. Por el contrario, este dinero se utilizó para generar más dinero a partir de deuda, pues es así, generando deuda, como los bancos se lucran. Es decir, si todos acudieran a su sucursal bancaria a retirar sus depósitos en dinero físico, los bancos no tendrían ese dinero. Sin embargo, la probabilidad de que esto suceda es relativamente pequeña, entre otras cosas porque la gente confía ciegamente en los bancos asumiendo que su dinero siempre estará ahí cuando lo necesiten.

- Si casi todo el dinero del sujeto A (el 80%) puede estar en posesión del sujeto B y, a su vez, casi todo el dinero de B (el 80%) puede estar en posesión del sujeto C, y así sucesivamente hasta un sujeto, digamos, Z, si en un empeoramiento de las condiciones económicas algunas de estas personas se convierten en morosas, incumpliendo con su deuda, ese impago produciría un efecto dominó con consecuencias impredecibles. Esta eventualidad, por otro lado, es típica de sistemas complejos como el sistema bancario, ya que todos los bancos están en mayor o menor medida interconectados entre sí.

Como vemos, la reserva fraccionaria es una gran pirámide financiera legalizada y aceptada, siendo los bancos los principales beneficiarios, pues como estos se lucran ofreciendo crédito, el incentivo para prestar es enorme.

Obsérvese que el sistema de reserva fraccionaria depende de un depósito inicial de un cliente, ya que sin este no se podría generar crédito. Sin embargo, esta condición inicial se está flexibilizando gradualmente en muchos países para facilitar aún más el acceso al crédito. Hoy en día, de hecho, los bancos pueden crear crédito de la nada simplemente evaluando la capacidad de los clientes de pagar la deuda. El sistema financiero realmente depende de la concesión de crédito y, por ello, se llevan a cabo programas continuos de **expansión crediticia** para tal fin.

Depósitos compulsorios

Para reducir la exposición al riesgo de colapso, causado por estos mecanismos de apalancamiento y facilidad excesiva de acceso al crédito, los bancos están obligados a mantener un cierto porcentaje de los depósitos de sus clientes en formato digital dentro de una cuenta que ellos tienen en el banco central (la cuenta de reservas) o, en parte, dentro de un cofre con dinero en efectivo. Esta cantidad de dinero guardado como reservas, reservas mínimas, es la que se conoce como **depósitos compulsorios**, cuyo porcentaje, conocido como coeficiente de caja o coeficiente de reservas, depende de la política particular de cada banco central. De hecho, cada país mantiene una fracción de depósitos compulsorios. En Brasil, esta fracción es actualmente de aproximadamente el 20% para los depósitos a vista, curiosamente la más baja de los últimos años. En Estados Unidos, esta fracción está alrededor del 10%, pero en Europa es solo del 1%.

Como hemos explicado al principio de esta sección, la fracción de depósitos compulsorios es el primer mecanismo que un banco central tiene para regular la cantidad de dinero que circula en la economía. Si la inflación es alta, el banco central interviene para aumentar esa fracción. Como resultado, los bancos se ven obligados a guardar más dinero de los clientes, eliminando así dinero y crédito de la economía, lo que potencialmente causa deflación. En cambio, si la inflación es baja, el banco central disminuye esta fracción, incentivando a los bancos a retirar reservas y mover el dinero a través de la concesión de préstamos, lo que potencialmente genera inflación.

El mercado interbancario y el tipo de interés básico de la economía

Para evitar que la cuenta que cada banco posee en el banco central, la cuenta de reserva, esté por debajo del compulsorio, los bancos pueden pedir dinero prestado al banco central, pero el interés de ese préstamo, regido por la tasa de interés de descuento, es desalentador. El propósito con eso es que los bancos, en lugar de pedir ayuda al banco central, sean forzados a ayudarse entre sí, prestándose dinero mutuamente dentro de lo que se conoce como **mercado interbancario**. Así, si al final del día un banco A necesita dinero para ajustar su cuenta de reserva al compulsorio entonces este solicita dinero a un banco B y, a cambio, le entrega algún tipo de garantía, generalmente un título de deuda pública del gobierno. Al día siguiente, el banco A liquida el préstamo, además de los intereses, y el banco B devuelve el título que fue entregado como garantía.

Esta tasa de interés cobrada, conocida como **tipo de interés básico de la economía** o tipo de interés de referencia es de fundamental importancia para un país, ya que este actúa como baliza, limitando por abajo el resto de tipos de interés de la economía nacional.

Antes de continuar, obsérvese un importante detalle: los bancos necesitan tener títulos de deuda en sus balances, pues de lo contrario no tendrían ningún aval o colateral necesario para pedir dinero prestado en caso de necesidad.

La tasa de interés de descuento

Cuando los bancos necesitan liquidez, recurren al mercado interbancario, que se rige por el tipo de interés básico. Sin embargo, también pueden acudir al propio banco central, que otorga préstamos a intereses regidos por la denominada **tasa de interés de descuento**, que es deliberadamente más alta para desincentivar ese contacto directo con el banco central.

Estrictamente hablando, la tasa de interés de descuento es, de hecho, una ventana de interés, dentro de la cual las instituciones financieras privadas son analizadas y separadas en 3 clases en función del riesgo. En condiciones económicas estables, es normal que estas instituciones busquen liquidez en el mercado interbancario. Sin embargo, en condiciones de estrés económico, si dicha demanda por liquidez es rechazada en ese mercado, estas instituciones pueden acudir al banco central, que aún puede ofrecer facilidades en la devolución del préstamo, ampliando el plazo de solo una noche, a 15, 30 o más días. Esto es precisamente lo que sucedió con la quiebra de *Lehman Brothers* durante la crisis de las *subprimes*, cuando los préstamos por esta vía directa con la Reserva Federal se disparararon, teniendo esta que ampliar la ventana de vencimiento hasta 90 días.

El precio del dinero

Cuando los bancos comerciales intercambian dinero entre sí en el mercado interbancario, puede ocurrir que haya o no liquidez. Por ejemplo, si la demanda de un banco por dinero es suplida por una gran oferta de bancos proveedores, el tipo de interés básico naturalmente tenderá a caer. En cambio, si un banco exige dinero, pero la oferta de prestadores es baja, la tasa básica tenderá a subir. De esta manera, las propias fuerzas de la oferta y la demanda regulan automáticamente el valor del tipo de interés básico, que determina fundamentalmente el **precio del dinero** en la capa base del mercado financiero.

No obstante, el tipo de interés básico es monitoreada y regulada artificialmente por el banco central a través de las llamadas operaciones de mercado abierto, durante las cuales este compra o vende títulos de deuda del gobierno con el objetivo de regular el tamaño de la base monetaria. Este es el tercer mecanismo de intervención del banco central, del cual hablamos al principio de esta sección; también es el más importante. Sin embargo, para entender este mecanismo, es necesario antes comprender el mercado de deuda pública.

EL MERCADO DE

DEUDA PÚBLICA

Títulos de deuda pública en el mercado primario

Todos los países están endeudados en mayor o menor medida. Una deuda que no para de crecer. La recaudación a través de impuestos es, de hecho, insuficiente para que los gobiernos cubran sus gastos y por lo tanto, ante esa coyuntura, solo hay una salida: pedir prestado mediante la emisión de bonos o **títulos de deuda pública**.

Dependiendo del país, los títulos de deuda pueden ser de meses, de 1 año o de varios años, hasta un máximo de 10. Sin embargo, en su imparable frenesí por liquidez, algunos gobiernos ya emiten títulos a 30, a 50 o, como es el caso de Argentina, hasta a 100 años.

Cuando un gobierno necesita dinero, el departamento del Tesoro organiza una subasta. En este **mercado primario** los títulos de deuda son adquiridos por bancos de inversión, también llamados de *dealers* primarios. En la subasta, el precio de estos bonos, como cualquier otro activo, está sujeto a la ley de la oferta y la demanda. La subasta es preparada previamente utilizando una técnica de *book building*. Para ello, el Tesoro entra en contacto con los *dealers* primarios y les consulta su demanda por títulos.

Comprendamos mejor cómo funciona el precio de los títulos de deuda y sus intereses. Suponga que un gobierno oferta un título de deuda de 1 año de duración. En este caso, el interesado presta al gobierno, supongamos, 100 dólares, y en la fecha de vencimiento, 1 año después, el gobierno devuelve 110 dólares, que es el llamado valor nominal o valor par. En este caso, el interés asociado al título será del 10%:

(ValorNominal - PrecioTitulo) / PrecioTitulo = 110 $ - 100 $ / 100 $ = 0.1 = 10%

Si un gobierno necesita capital con urgencia, el departamento del Tesoro ofertará títulos de deuda a un determinado interés y los subastará en el mercado primario. Sin embargo, si el mercado no demanda esos títulos, el Tesoro tendrá que subir el valor nominal de sus títulos, lo que genera mayores ingresos para el comprador. En caso contrario, si un gobierno no necesita capital urgentemente, puede disminuir el valor nominal, lo que genera una rentabilidad menor.

Las tasas de interés más altas asociadas a los bonos son, por supuesto, más suculentas para los inversores. Sin embargo, si son altos es porque también implican mayor riesgo, entre ellos el riesgo de impago o el riesgo de recibir un dinero muy desvalorizado en el futuro, es decir, un dinero, en la moneda local, que compra menos debido a la inflación. Es por eso que algunos gobiernos, Brasil incluido, emiten los llamados títulos de deuda prefijada, que ya descuentan las pérdidas debido a la inflación.

Títulos de deuda pública en el mercado secundario

Una vez que los *dealers* primarios adquieren bonos del gobierno, estos pueden ser negociados posteriormente en el llamado **mercado secundario**. El precio de los títulos en el mercado secundario, como todo, también está sujeto a la ley de la oferta y la demanda. Es precisamente de este mercado de donde los *dealers* primarios obtienen la información del precio, con la que negociarán en la subasta organizada por el Tesoro. Esto significa que el financiamiento de un gobierno, supuestamente, no depende de lo que ellos estén dispuestos a recibir, sino de lo que el mercado esté dispuesto a ofrecer.

Una vez que este título es adquirido y posteriormente negociado en el mercado secundario, su interés puede cambiar en función también de la ley de la oferta y la demanda. Supongamos que, por alguna razón, el tenedor del bono se ha enterado de que otro país ofrece otros bonos con mayores rendimientos. En este caso, el portador de aquel título, comprado por 100 dólares, dada la mejora fiscal del país, lo vende, supongamos, por 105 dólares. De esta manera, si alguien compra este título, su precio habrá aumentado, ya que habrá pasado de 100 a 105 dólares, pero su interés habrá disminuido, pues habrá pasado del 10% al 5%.

De esta forma, cuando se negocian los títulos en el mercado de deuda, existe una relación inversa entre su precio y su interés: si el precio de un título sube, por ser más demandado y/o menos ofertado, entonces su interés baja. Por el contrario, si el precio de un título baja, por ser menos demandado y/o más ofertado, entonces su tipo de interés sube.

Tipo de interés corto y largo

Cuando son determinados por el mercado, los intereses de los títulos de deuda pública se comportan como un termómetro de la salud fiscal de un país. Si un país se financia con tipos de interés bajos, significa que está sano. Si un país se financia con tipos de interés altos, significa que está enfermo.

Sin embargo, para tener un diagnóstico más preciso del paciente, en lugar de analizar los intereses de un título de deuda a un vencimiento específico, lo más conveniente es analizar todos los títulos de deuda a diferentes vencimientos. Esto es lo que se conoce como curva de tipos de interés. O sea, el interés de cada título frente a su vencimiento.

Naturalmente, debería ocurrir que el interés asociado a un título sea mayor cuanto mayor sea su fecha de vencimiento, porque prestar dinero siempre implica un riesgo, un riesgo que crece con el aumento del tiempo de exposición al mismo.

Por ejemplo, puede suceder que el llamado interés corto (en bonos de hasta 1 o 2 años) sea alto, pero el llamado interés largo (a partir de 10 años) sea bajo. Esto indicaría que el país está experimentando dificultades de financiamiento a corto plazo, pero le espera un futuro esperanzador. Siguiendo con esta analogía clínica, en este caso es como si el paciente hubiera enfermado, necesita una operación urgente de bajo riesgo, pero una vez operado, su vida será saludable.

Por el contrario, puede suceder que el tipo de interés corto sea bajo, pero el interés largo sea extremadamente alto (ya que, como se explicó, es lógico que sea naturalmente más alto). En este caso, es como si el paciente estuviera sano en la actualidad, pero tuviera una enfermedad crónica que le traerá problemas en el futuro.

Esa sería la lógica

por tras de los tipos de interés de los títulos de deuda. Sin embargo, en el caso de un mercado intervenido, la curva de tipos interés puede resultar ocasionalmente atípica y no reflejar completamente la verdadera salud de una nación.

Un banco central actúa normalmente en el lado corto de la curva y, con menor frecuencia, también en el lado largo. No obstante, el poder del banco central para intervenir en la curva de tipos no es total, sino que está limitado por la confianza del mercado en el país y en la moneda. Cuando la moneda es muy demandada, como puede ser el dólar, el banco central puede permitirse una mayor intrusión. Sin embargo, mayores intervenciones pueden ser mal vistas por el mercado, en cuyo caso, el banco central tendrá que recular o ser más meticuloso en sus acciones, pues de lo contrario su gobierno acabaría pagando más por su deuda.

Ignorancia, exuberancia, satisfacción inmediata e incentivos erróneos

> "La primera ley de la economía es la escasez. La primera ley de la política es ignorar la primera ley de la economía." Thomas Sowell

Este pequeño gran detalle, relativo al significado de la deuda pública, que ciertamente la mayoría de la gente no entiende, es aprovechado con frecuencia por nuestros políticos, puesto que ellos tienen un gran incentivo en gastar dinero en el presente, para así ofrecer felicidad a cambio de votos. De hecho, ¿quién no desea disponer de un montón de servicios públicos, aunque sean de dudosa calidad? En realidad, este sería un hermoso regalo para el ciudadano, pero en detrimento de un negro futuro para sus hijos.

Este gran incentivo que tienen los gobiernos para gastar y generar felicidad en el presente, típicamente cerca de las elecciones, se ve reforzado por otro incentivo que es mantener las cuentas públicas lo más cerca posible de la bancarrota, especialmente si el gobierno de turno vaticina que perderá las elecciones para el partido de la oposición. Luego, cuando ese otro partido tomar el poder, tendrá la patata caliente de encontrarse la caja vacía y los tipos de interés para financiarse en las nubes y, siendo así, seguramente tenga pocas posibilidades de encauzar la economía y muchas de perder las próximas elecciones ante los mismos partidos políticos que causaron el daño económico inicial. Como vemos, los gobiernos no tienen ningún incentivo para tener control fiscal y, por lo tanto, la economía de un país está irremediablemente abocada al desastre.

El capitalismo de libre mercado no existe

"Los mercados de capitales ya no son mercados libres. Estos sufren una constante intervención de los bancos centrales y los gobiernos." Ray Dalio

Por lo que fue descrito anteriormente, el lector podría pensar que el mercado interbancario y el mercado de deuda son mercados libres, pero no, no lo son. Esto parece un detalle insignificante, pero es probablemente el mayor problema del sistema monetario y bancario contemporáneo.

Como acabamos de ver, los intereses de la deuda de un país dan una idea de su salud. Si un país está llevando a cabo políticas fiscales correctas, muchos inversores demandarán sus títulos. Esto haría el precio del bono aumentar y, por tanto, su interés disminuiría. En otras palabras, un gobierno con expectativas de mejora pagaría poco por su deuda. Por el contrario, si un país está ejerciendo políticas fiscales erróneas, los inversores rechazarían sus bonos, lo que provocaría una caída de su precio y, con ello, una subida del tipo de interés asociado. Es decir, un gobierno que enferma tendría que pagar más por su deuda.

De esta forma, por las fuerzas del libre mercado, los gobiernos tendrían un fuerte incentivo para cuidar de sus cuentas públicas, porque si no lo hicieran, serían castigados por el propio mercado, teniendo que pagar más por su deuda. Desafortunadamente, como veremos, esto no ocurre, pues los gobiernos siempre puedan ser rescatados por su propio banco central y, siendo así, estos no tienen ningún incentivo en preocuparse por sus finanzas.

Muchos todavía critican al capitalismo y al libre mercado por todos los males de la sociedad. Lo hacen desde su más profunda ignorancia, desconociendo cómo funciona el sistema monetario y bancario. No, hoy en día no existe ni capitalismo, ni libre mercado. Los han destruido. Si existieran, los incentivos estarían en el lugar adecuado y todo sería diferente; los gobiernos estarían jugándose el pellejo y, por tanto, serían responsabilizados por sus errores.

En la siguiente sección, entenderemos por qué esto es así. De hecho, entenderemos por qué y cómo los bancos centrales protegen a sus gobiernos. Esta es la pieza que falta en el oscuro rompecabezas económico, el cual está relacionado precisamente con los mecanismos que faltan por estudiar al respecto de cómo el banco central regula la oferta de dinero, esto es, las operaciones de mercado abierto y la flexibilización cuantitativa.

LA MONETIZACIÓN DE LA DEUDA

Los efectos del tipo de interés básico

Como se analizó en el apartado anterior, dentro del mercado interbancario surge el tipo de interés básico de la economía, el cual estipula el precio del dinero. Como también fue estudiado, este interés naturalmente puede subir o bajar dependiendo de la oferta y la demanda por crédito interbancario.

Sin embargo, el banco central tiene la capacidad de manipular ese tipo de interés para controlar la meta de inflación, que es el objetivo de todo gobierno (recuerde el capítulo I). Es importante señalar nuevamente que el tipo de interés básico es la tasa de interés más importante de la economía, porque si esta sube empuja para arriba todos los tipos de interés privados y, por el contrario, cuando esta baja ofrece también espacio para rebajas del crédito privado. En otras palabras, un interés básico alto encarece la circulación de dinero y eso frena la actividad económica, produciendo fuerzas deflacionarias. Por el contrario, un interés de referencia bajo producirá una rebaja del costo de circular dinero y esto lleva a aumentar la actividad económica, produciendo fuerzas inflacionarias.

Entendamos entonces cómo un banco central influye en

este tipo de interés.

Operaciones de mercado abierto

Un banco central verifica diariamente cuál es el tipo de interés a la que los bancos comerciales se prestan dinero. Con esta información hace el promedio y estima si tal interés está dentro de la proyección anual o no. Si está dentro de la proyección no se toman medidas, pero si ese interés se desplaza para abajo o para cima de esa proyección, el banco central realiza las llamadas **operaciones de mercado abierto**.

Estas operaciones consisten en participar en el mercado secundario para comprar o vender títulos de deuda de corto plazo. Si el tipo de interés básico está por encima de la proyección, el banco central compra bonos. Al hacerlo, el banco central abona el valor del precio del título, en formato digital, a la cuenta de reserva que el banco vendedor del título tiene dentro del propio banco central. En otras palabras, el banco central compró un bono a través de dinero que creó de la nada, poniéndolo a disposición de ese banco para que este lo use a voluntad. Si, de la misma manera, se compran muchos bonos, se producirá un aumento de liquidez en los bancos privados, que ahora tendrán más dinero para prestarse entre sí. Esto aumentará el número de ofertantes de crédito interbancario, produciendo el efecto de bajar el tipo de interés de referencia.

Por el contrario, si la tasa básica está por debajo de la proyección, el banco central vende títulos de deuda. Cuando aparece un banco particular comprador, el banco central borra digitalmente el precio del título de la cuenta de reserva que este banco tiene en el banco central. De esta forma, este banco tendrá menos capital a cambio de ese activo. Si muchos bancos compran títulos de la misma manera, el efecto general es disminuir la liquidez, o sea, una disminución en la oferta de crédito interbancario, lo que provoca un aumento del tipo de interés básico de la economía.

Monetización de la deuda

> "Soy un hombre infeliz. Sin saberlo, he destruido mi país. Una gran nación industrial ahora está controlada por su sistema de crédito." Woodrow Wilson

Ahora que sabemos cómo un banco central interviene en la economía, podemos juntar las piezas del rompecabezas. En resumen, cuando un gobierno desea dinero, y por las razones que hemos visto siempre desea, emite títulos de deuda que son comprados por los bancos de inversión, después recomprado por otros bancos privados y finalmente adquiridos por el banco central en el mercado secundario. Luego, un gobierno succiona el dinero que los bancos tienen en su balance, lo que aumenta el tipo de interés básico, y el banco central, para evitar dicha subida natural, crea dinero de la nada y recapitaliza los bancos comprando sus bonos de deuda. Resumiendo más todavía, un gobierno, a través de su banco central, está creando dinero a cambio de deuda. En otras palabras, los bancos centrales están **monetizando la deuda**.

La monetización de la deuda es el dramático resultado de la eliminación del patrón oro. En el pasado, la riqueza de la gente era su oro. Esto es así porque el oro no es pasivo, o deuda, de nadie. Sin embargo, con el auge del poder centralizado de los gobiernos, estos tomaron la riqueza de la gente, su oro, y dieron a cambio un dinero fiat, un activo, sin valor algún, y que solo existe gracias a que alguien ha contraído una deuda, un pasivo. Es decir, un billete de 50 dólares en posesión de alguien es de hecho la deuda, por un valor de -50 dólares, de otra persona. Entonces, monetizar la deuda no genera riqueza para la sociedad en términos absolutos.

El significado de monetizar la deuda

"Está claro que la gente no sabe cómo funciona el sistema monetario ni el sistema bancario porque si lo supieran habría una revolución antes de mañana por la mañana." Henry Ford

Desde este punto de vista, puede parecer que los activos se cancelan con pasivos de manera que no existe deuda. El detalle que falta es que en esta cuenta tenemos que incluir los intereses generados por la deuda. En cualquier caso, juntando esa deuda con los intereses que esta genera, tenemos una enorme cuenta que nunca podrá liquidarse porque no hay riqueza que la pague.

La triste realidad es que, como están protegidos por los bancos centrales de la contundencia del mercado y estos, a su vez, están protegidos por la inocencia de los ciudadanos, quienes claramente ignoran que son ellos los únicos y exclusivos detentores de esa deuda, los gobiernos no tienen ningún incentivo para cuidar de las cuentas públicas. Y siendo así, la deuda nacional de la gran mayoría de países no para de aumentar.

Como ejemplo, se muestra el aumento descontrolado de la deuda del líder económico mundial: los Estados Unidos. Cabe

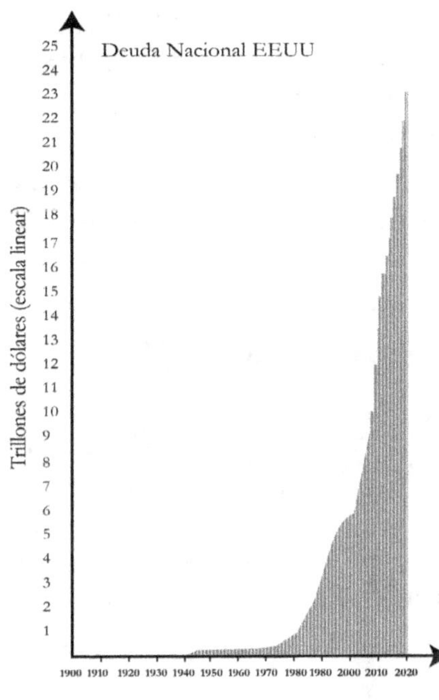

señalar que la deuda estadounidense está fuera de control desde la eliminación del patrón oro en 1971.

Vale la pena reflexionar sobre qué significa la deuda. Cuando una deuda privada es contraída, el ciudadano es consciente de que, a través del contrato suscrito, él mismo, y no otro, es quien se compromete a devolver dicha cantidad en una fecha futura o a través de letras o cuotas a lo largo del tiempo. Sin embargo, cuando la deuda es pública, quien firma el contrato es el gobierno, pero quien paga no es él sino los ciudadanos. Efectivamente, cuando un gobierno se endeuda, este estaría firmando un compromiso para que otro próximo presidente, y no el actual, expolie a sus ciudadanos a través de un aumento impuestos. En otras palabras, los propios ciudadanos, al votar por aquel partido político encantador que ofrece la mayor cantidad de servicios públicos, estarían firmando un contrato, del cual no leyeron la letra pequeña, que les obliga, a ellos o a sus hijos, a tener que pagar más impuestos en el futuro.

Sin embargo, como para pagar más impuestos los ciudadanos tendrán que trabajar más, cuando el banco central monetiza la deuda pública, lo que realmente monetiza no es el dinero, pues este no vale nada, sino la mano de obra de sus ciudadanos, es decir, el propio tiempo de los futuros trabajadores. La moneda que usamos, por tanto, realmente representa el compromiso de que alguien, en este caso nuestros jóvenes, trabajen mucho más en el futuro para poder saldar las deudas contraídas que están financiando nuestro bien-estar presente. O para decirlo de otra manera, nuestro bienestar presente está asesinando el bienestar futuro de nuestros hijos.

Rodar la deuda y sus efectos

"Los bancos centrales solo pueden inflar (la base monetaria) o morir." Mario Innecco

Dado el tamaño de la deuda, una pregunta razonable debería ser: ¿Cómo es que todo el sistema todavía no ha colapsado?

Cuando la pregunta se hace de esta manera, parece que la deuda es el problema. La deuda es realmente un problema. Sin embargo, como los incentivos económicos están cabeza abajo, la deuda ha pasado de ser el problema a ser la solución. Es decir, si el sistema aún no ha colapsado es gracias a que la deuda no ha dejado de aumentar, porque contraer el tamaño de la deuda significaría que se está pagando, pero es imposible pagar algo para lo que no hay riqueza suficiente. Y dado que es imposible liquidarla, lo más adecuado política y fiscalmente es rodar la deuda hacia adelante. Es decir, seguir monetizando la deuda, creando más deuda a partir de la anterior. O, para decirlo de otra manera, seguir tocando la música en el juego de las sillas musicales.

Pero, ¿hasta cuándo se puede rodar la deuda? La creación de tanto dinero provocará una pérdida creciente del poder de compra de la moneda. Los ciudadanos se darán cuenta de eso y terminarán saliendo a las calles en busca de culpables. Sin embargo, como la opinión de los ciudadanos está controlada a través de los medios de comunicación por el mismo sistema que causa el daño, entonces automática e irracionalmente estos serán llevados a culpar a los mismos de siempre: el capitalismo, los empresarios y el libre mercado, y por lo tanto, nada acabará cambiando.

No obstante, tarde o temprano esa dinámica tendrá que cambiar, ya que cada vez más clases medias bajan una posición, convirtiéndose en clases bajas. ¿Qué pasará, de hecho, cuando ya no haya ninguna clase media o baja de la que absorber riqueza o fuerza de trabajo?

A lo largo de la historia, la dinámica siempre ha sido la misma. Primero, surgen líderes fiscalmente irresponsables, que expolian la riqueza de sus súbditos y la malgastan. Luego, cuando ya no hay más riqueza que substraer, succionan la fuerza de trabajo de la población y la utilizan para conquistar nuevas tierras. Estas conquistas les sirven para saquear las riquezas de estas nuevas tierras colonizadas y también para succionar la fuerza de trabajo de los colonos, su tiempo, esclavizándolos. El sistema económico contemporáneo no es muy diferente. Primero, se llevaron toda la riqueza de los ciudadanos expoliando su oro y como no había más de donde extraer, empezaron a robarnos nuestro tiempo, porque debido a los ciclos virtuosos forzados, el ciudadano medio tiene que trabajar cada vez más para poder comprar los mismos productos o servicios, cada vez más caros.

La palabra robar puede parecer un tanto hiperbólica, pero es lo que realmente sucede: ellos toman nuestro tiempo y a cambio recibimos una moneda fiduciaria que no vale nada. En otras palabras, nuestro esfuerzo es canjeado por algo que fue creado sin él. Desafortunadamente, la fría realidad es que el sistema económico contemporáneo es un sistema de esclavitud moderna y esto solo terminará cuando el ambiente sea tan opresivo que los ciudadanos se den cuenta que ni incluso su tiempo sea suficiente. Llegado este momento la población esclava debe liberarse de sus cadenas, la llamada moneda de curso legal, y abrazar un nuevo sistema de intercambios voluntarios sin intermediarios. Un sistema alternativo, donde los ciudadanos puedan hacer sus intercambios libremente sin ser constantemente supervisados por sus capataces.

Flexibilización cuantitativa

El gran problema de la deuda es que alguien se quedará sin silla cuando la música se detenga. O sea, algún banco comercial, o algún banco de inversión, como ocurrió en la crisis de las *subprimes*, se quedará con los llamados activos tóxicos: títulos de deuda de morosos, y, por lo tanto, activos financieros que perderán todo su valor. Mientras continúe la música del juego de las sillas, lo que equivale a rodar la deuda, todo está perfecto. El problema es que, a medida que la deuda crece, aumenta la tensión dentro del mercado financiero. En otras palabras, cada vez quedan menos asientos para el mismo número de participantes.

Esta tensa coyuntura es, por supuesto, detectada por los bancos centrales, que necesitan entrar en el juego e intervenir para que la música no pare. La forma de hacer eso financieramente es, como hemos visto, forzar el tipo de interés básico a cero. Sin embargo, cuando esa tasa ya está en cero, los bancos centrales ya no tienen herramientas convencionales para seguir tocando la música. Aquí es donde entran las llamadas herramientas no convencionales: la llamada **flexibilización cuantitativa** o flexibilización monetaria (*quantitative easing*).

La flexibilización cuantitativa también consiste en comprar títulos de deuda, igual que el banco central hace al llevar a cabo operaciones de mercado abierto. La diferencia está en que en este caso las compras de deuda son masivas, de emergencia y de cualquier tipo: tanto deuda pública como privada, incluida, por ejemplo, la deuda respaldada en hipotecas. Otra diferencia es que los títulos adquiridos por los bancos centrales suelen ser aquellos con vencimientos mayores.

El propósito de la flexibilización cuantitativa es básicamente otorgar préstamos a tipos de interés muy bajos, normalmente cero, para que las instituciones públicas o privadas no quiebren. Se hace de forma urgente cuando ni siquiera un tipo de interés básico muy bajo es la solución, pues ni siquiera la banca privada confía en ofrecer financiación en ese tenso ambiente, el cual hace elevar el valor del crédito muy por encima del interés básico.

Esta falta de confianza ocasionalmente se refleja en el mercado interbancario o en el llamado mercado de recompra, donde cualquier institución financiera, no solo los bancos comerciales, pueden prestar o pedir prestado dinero en efectivo a cambio de un título a través de los llamados acuerdos de recompra. Tal tensión desencadena eventualmente una fuerte demanda por efectivo, provocando un aumento inusual en los tipos de interés. Esto es precisamente lo que sucedió recientemente en septiembre de 2019 cuando la llamada *repo rate*, la tasa de interés de los acuerdos de recompra (que normalmente sigue el interés básico), saltó fuera de control de aproximadamente 2% a casi 10% en cuestión de horas. Un aumento tan drástico en esta tasa de interés de recompra puede afectar al tipo de interés básico, lo que a su vez podría tener un efecto dominó de consecuencias inimaginables. Este repunte, natural debido a la tensión en los mercados financieros, fue corregido por la Reserva Federal mediante un programa de relajamiento cuantitativo, inyectando masivamente liquidez para reajustar la tasa de interés de recompra dentro del rango de la tasa básica.

Como vemos, la flexibilización cuantitativa puede tomarse como una medida de emergencia y, por tanto, de carácter paliativo, pero en algunos países los bancos centrales utilizan esta medida de forma permanente, cuando ni siquiera un entorno económico de interés cero alivia las tensiones. Al examinar el entorno financiero, Brasil nunca ha tenido un tipo de interés básico, la tasa SELIC, al nivel del 0%. Pero en otros lugares, como Japón o incluso en la Unión Europea, su tipo de interés básico, el llamado eonia, muy parecida al euribor (las cuales serán substituidas por el llamado ester), se encuentra actualmente en el 0% desde hace algunos años. Así, dado que el banco central europeo es incapaz de forzar inflación incluso en ese ambiente de interés cero, él no tiene más opción que aplicar la flexibilización cuantitativa de forma permanente; es decir, realizar compras masivas de deuda para evitar el colapso de instituciones públicas y privadas.

LOS EFECTOS DE LA INTERVENCIÓN

EN LA ECONOMÍA

Las distorsiones del banco central

Como explicábamos en el apartado anterior, si una institución pública o privada está protegida por los bancos centrales, entonces esta ya no se juega el pellejo, lo que acaba creando un sistema de incentivos erróneos. Además de eso, si un inversor, que arriesga su capital comprando un título de deuda pública o privada, también se da cuenta de que el banco central terminará recomprando su título para eventualmente rescatar a estas instituciones, entonces el mensaje que el banco central envía al mercado es claro: ¡compren deuda a mansalva que no tiene riesgo!

Y siendo así, teniendo a un jugador tramposo en la mesa, que siempre tiene una carta bajo la manga, creando continuamente dinero de la nada, siempre habrá compradores de títulos de deuda. Y como sabemos por la ley de la oferta y la demanda, si la oferta es fija, pero la demanda es continua, el precio del título aumentará y, por tanto, su tipo de interés bajará. El efecto neto es que, gracias a los bancos centrales, que soportan la quiebra sistémica, los tipos de interés de los bonos siempre tenderán a caer con el tiempo.

A la gran mayoría de las personas les trae sin cuidado las políticas del banco central, sobre todo porque creen que esto no tiene ningún impacto en su vida diaria, pero están muy equivocadas. Repasando lo que ya deberíamos haber aprendido, si el tipo de interés básico es forzado a mantenerse cercano a cero, esto significa que cada vez hay más dinero en la economía, lo que significa que el dinero es cada vez menos escaso, y si este es cada vez menos escaso, nuestro dinero pierde valor a cada día. Resumiendo en apenas una frase, los bancos centrales, en connivencia con los gobiernos, destruyen el poder adquisitivo de las familias. Como vimos en el Capítulo I, los activos escasos se aprecian frente al dinero en este entorno inflacionario. Y dado que, quienes poseen activos escasos son típicamente las clases altas, esta política monetaria de los bancos centrales representa una forma tácita de transferir riqueza de los más pobres a los más ricos.

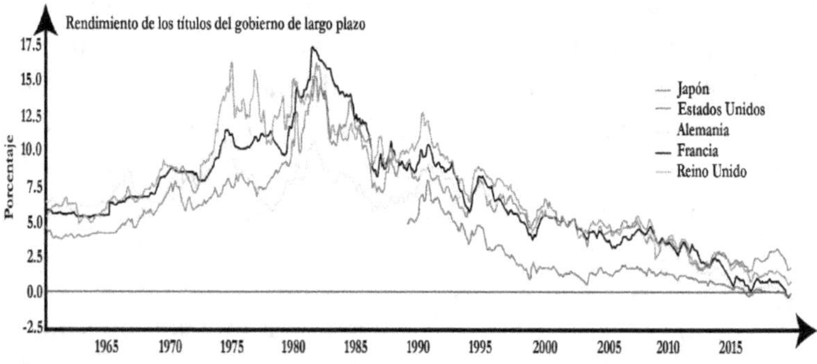

Fuente: Reserva Federal. Efectivamente, desde la eliminación del patrón oro, los tipos de interés de los bonos a 10 años de los principales países (Japón, EEUU, Alemania, Francia y Reino Unido) lógicamente comenzaron a subir, pues dejaron de ser confiables. Sin embargo, gracias a la confianza que los ciudadanos depositaron en un dinero que no vale nada, el dinero fiduciario, los bancos centrales están aprovechando esa confianza para intervenir en el mercado de bonos y, con ello, revertir la tendencia de los tipos de interés de la deuda hasta los valores actuales cercanos al 0%. La subida de los tipos de interés después de la retirada del patrón oro fue por tanto una manera de evitar fugas masivas de capital hacia el oro, forzando así demanda por un dinero fiat a cambio de suculentos rendimientos.

Otra importante distorsión asociada es que, como el banco central siempre comprará deuda pública a los bancos privados, por supuesto, estos preferirán comprar esa deuda de los gobiernos, deuda con riesgo cero, en lugar de prestar a los ciudadanos. El efecto de esa intervención es la subida del crédito privado, pues los bancos difícilmente se ofrecerán a prestar a las familias; familias son, evidentemente, mucho más insolventes que alguien como el banco central, capaz de crear dinero infinito.

Los intereses negativos

Actualmente, los tipos de interés de muchos de los títulos de deuda de los países, principalmente los de corto plazo, se encuentran de hecho en terreno negativo. Entendamos lo que eso significa volviendo al pequeño cálculo que hicimos en las secciones anteriores.

Recuerde ese inversor que compró un título de deuda por 100 dólares, con la promesa de que, después de un año, el gobierno devolvería 110 dólares al tenedor de ese título, ganando así un interés del 10%. Sin embargo, supongamos ahora que ese inversor decide vender este título en el mercado secundario. Entonces, descubre que, debido a la alta demanda, logra vender su título por 111 dólares. En ese caso, haciendo los cálculos:

110 $ - 111 $ / 111 $ = -0.009 = -0.9%

Es decir, el interés de los bonos se volvió negativo. Y siendo así, cuando llegue la fecha de vencimiento, en lugar de ser el gobierno quien tenga que pagar por pedir dinero prestado, ¡el mismo gobierno recibirá dinero por prestar dinero!

Efectivamente, los tipos de interés negativos son una completa aberración del mercado y un síntoma claro de que algo no anda bien.

Prestamistas de última instancia

"Para evitar el risco de fragmentación, el Banco Central Europeo va a ter que convertirse en el **comprador de primera instancia** de su propia deuda soberana." James Aitken

La pregunta inmediata debe ser: ¿por qué alguien compraría un bono de deuda con rendimiento negativo? ¿De qué sirve invertir si está claro que la inversión generará pérdidas? ¿Los agentes económicos están locos?

La respuesta nuevamente está en la intervención de los bancos centrales. En condiciones naturales de libre mercado, los tipos de interés negativos serían teóricamente posibles, pero prácticamente improbables. En cambio, en las condiciones actuales artificiales, siempre habrá alguien que se atreva a comprar un título a interés negativo si es seguro que un tercero irá a recomprarlo más caro sin preocuparse por la potencial pérdida de dinero en el vencimiento del título. Este tercer agente comprador es, nuevamente, el banco central; también llamado por eso prestamista de última instancia (*lender of last resort*).

Un prestamista de última instancia significa que el banco central tiene la capacidad de comprar, y de hecho compra, todo lo que dé la gana. Inicialmente, los bancos centrales solo compraban bonos del gobierno. Pero hoy en día, principalmente después de la crisis de las *subprimes* de 2008, ya están comprando títulos de deuda corporativa, títulos de deuda respaldados por hipotecas y, en el caso del Banco de Japón, comprando hasta acciones de empresas de capital abierto.

Por supuesto, esto es algo contra natura. No debería haber un acreedor de última instancia, sobre todo porque es imposible generar riqueza de la nada. Cuando un banco central interviene en la economía de esta manera, solo estará provocando un daño en forma de burbuja que cuando estalle tendrá consecuencias impredecibles. El mercado, actuando de manera libre, es el que mejor consigue distribuir capital; nunca un banco central bajo el control de gerentes monetarios en colusión con los gobiernos.

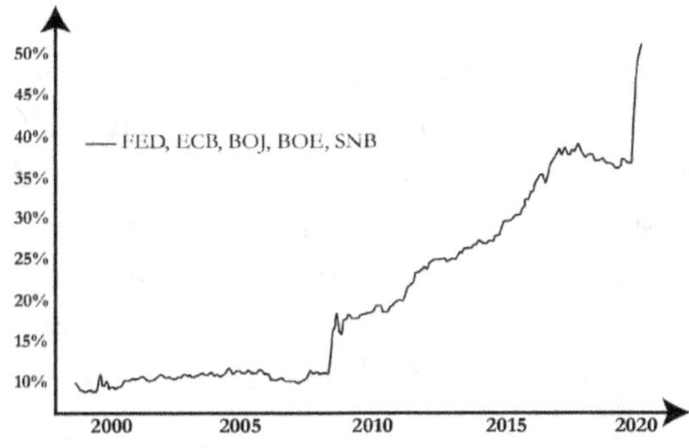

Fuente: Lohman Econometrics. La tendencia de los bancos centrales a comprar cada vez más activos no tiene límites. De hecho, los principales bancos centrales del mundo, la Reserva Federal (FED), el Banco Central Europeo (BCE), el Banco de Japón (BOJ), el Banco de Inglaterra (BOE) y el de Suiza (SNB), todos juntos actualmente ya poseen activos financieros por valor de más del 50% del Producto Interior Bruto de sus países. En otras palabras, la deuda, principalmente deuda pública, ya se está tragando el valor de más de la mitad de la producción anual de estos países.

Las consecuencias de las masivas intervenciones de los bancos centrales pueden ser entendidas analizando el fenómeno conocido como **japonificación de la economía**, por ser el banco central de este país quien más compró activos en todos los sectores, incluyendo acciones de la bolsa japonesa. Japón, de hecho, está atravesando una profunda crisis económica de la cual no sale hace décadas. La economía está estancada, el Producto Interior Bruto no aumenta, la deuda pública ya es del 230% en relación al Producto Interior Bruto, del 300% si se suma la deuda privada, una de las más grandes del mundo y, como consecuencia, las fuerzas deflacionarias están aumentando, lo que podría agravar la crisis. Desafortunadamente, la tendencia es que todos los países acaben gradualmente siguiendo el mismo camino que el de

Japón.

Dado que la tendencia de los bancos centrales es la de comprar cada vez más deuda pública y privada, una pregunta razonable sería la siguiente: ya que compran todo, ¿por qué entonces no pagan los impuestos de los ciudadanos? La pregunta realmente no tiene ningún sentido porque es gracias a que los ciudadanos pagan impuestos que un banco central puede comprar deuda. Los ciudadanos son realmente los cimientos que soportan el sistema financiero y monetario basado en monedas fiduciarias. Somos necesarios para el mantenimiento del sistema y por eso siempre estaremos obligados a pagar impuestos. El pago de impuestos en sí es la forma tácita de forzar demanda por la moneda, porque, como ya explicamos en el capítulo I, si no hubiera demanda por moneda, su valor automáticamente iría a cero y el sistema financiero y monetario terminaría colapsando.

Para ser más exactos, los ciudadanos soportamos el sistema monetario y el financiero de dos maneras. En primer lugar, y respectivamente, a través del uso forzado de la moneda mediante el pago de impuestos en el presente y a través de la suposición de que pagaremos más impuestos en el futuro. Y en segundo lugar, y respectivamente, a través del consumo y la adquisición de crédito usando esa moneda. Es por eso que somos, y siempre seremos, forzados a pagar impuestos, forzados a consumir debido a la inflación y forzados a endeudarnos para caer en la trampa del crédito barato.

Devaluación forzada de las monedas nacionales

"El oro es el único dinero. Todo
lo demás es crédito." J.P. Morgan

La idea por tras de bajar los tipos de interés es estimular el crédito y, por lo tanto, forzar el aumento de la circulación del dinero en la economía, haciéndolo menos escaso y por lo tanto menos valioso. Como sabemos, el efecto de eso es crear un ambiente artificial de inflación potencial, que terminará produciendo una subida de los precios de los bienes y servicios o, como veremos en el próximo asunto, una subida del precio de los activos.

Otro efecto simultáneo de bajar los tipos de interés es que la moneda fiduciaria particular que fue deflacionada (o inflacionada según la escuela austriaca) perderá valor en comparación con la moneda fiduciaria de otro país en el que el tipo de interés no fue alterado. Así, la reducción forzada de los tipos de interés en un país no solo provoca una pérdida de poder adquisitivo interno en ese país, sino también externo, ya que ahora para estos ciudadanos será relativamente más costoso comprar los bienes y servicios originarios de otros países.

Esta consecuencia también es aprovechada por nuestros dirigentes, porque, por supuesto, estos preferirán que sus ciudadanos no compren productos extranjeros porque si lo hacen será el gobierno de ese otro país el que recaude con los impuestos de esta venta. Por tanto, lo más conveniente es tener una moneda devaluada porque los ciudadanos se verán obligados a comprar productos nacionales y, por tanto, la recaudación se quedará en casa. La compra de productos nacionales en detrimento de los extranjeros provocará, de hecho, inflación en el territorio nacional, lo que, como sabemos por el capítulo I, conviene a todo gobierno. El aumento de la demanda de productos nacionales, por lo tanto, contribuye a un aumento de la inflación, que se ve reforzada por una disminución en la oferta de estos productos en el territorio nacional, ya que al tener una moneda devaluada, las exportaciones aumentan, lo que, a su vez, también aumenta la recaudación para el gobierno local.

En consecuencia, extrapolando, como tener una moneda más devaluada que los vecinos comerciales es conveniente para todos los gobiernos, entonces todos ellos terminan entrando en la llamada guerra de divisas; o sea, una carrera para tener la moneda mínimamente más devaluada que el resto. El efecto general es que el ciudadano, a través del uso forzado de la moneda, es castigado en beneficio de su gobierno, esté o no de acuerdo con su gestión o con su política fiscal.

Esta carrera para devaluar las monedas nacionales contribuye a que otros activos como el oro, se aprecie continuamente con base en cualquier moneda nacional. El oro, por tanto, es el verdadero dinero, ya que nadie puede controlar su emisión. Y por tanto, respondiendo a las preguntas que se plantearon al final del primer capítulo, si queremos medir el poder adquisitivo de una moneda es solo observar cuanto oro esa moneda es capaz de comprar. Y lo que el gráfico indica es que nuestro poder adquisitivo en la moneda fiat nacional no para de caer.

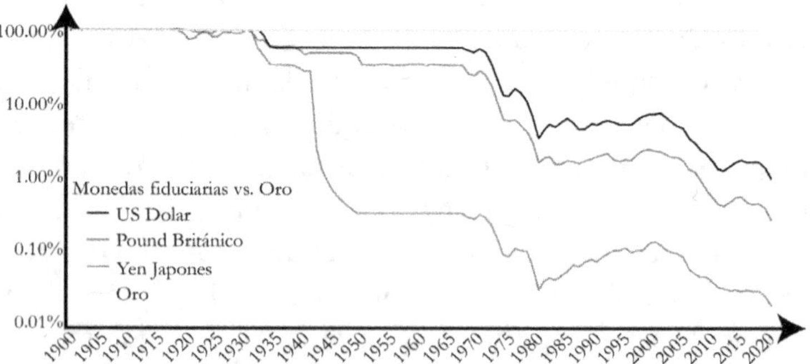

Historial del precio del oro. Fuente: VoimaGold.com. Ahora que sabemos que, debido a los bajos tipos de interés, la cantidad de dinero fiduciario está aumentando en el mercado, entendemos que la herramienta para medir los precios de los productos o servicios en base a estas monedas, el IPCA, como ya mencionamos en el capítulo I, no es adecuada porque su escala es cambiada según conviene. Por tanto, en lugar de medir precios con una herramienta que depende de los gobiernos, es más conveniente utilizar una herramienta que depende de la Naturaleza porque nadie podrá cambiar su escala. Esta herramienta es el oro y lo que indica claramente es que nuestras monedas fiduciarias cada vez valen menos, o, equivalentemente, nuestro poder adquisitivo es cada vez menor.

¿Inflación de precios o inflación de activos?

Hasta hace poco, en Brasil, cuando el gobierno necesitaba dinero, se lo pedía directamente al congreso. El congreso aprobaba y enviaba la autorización al banco central, el cual imprimía el dinero solicitado. Esta facilidad para generar dinero produjo dramáticos eventos inflacionarios en las décadas de los 80 y 90. Por eso, en el año 2000 se implementó la ley de responsabilidad fiscal que prohibía el contacto directo entre el gobierno y el banco central. Con base en esta ley, en lugar de entregar dinero directamente al Tesoro, el banco central debía comprar o vender títulos de deuda pública en el mercado secundario como hemos explicado en la sección anterior.

Sabiendo de esto, surge entonces la pregunta: si antes, cuando el gobierno interactuaba directamente con el banco central, se generaba inflación, ¿por qué ahora, siendo básicamente lo mismo, solo que de manera indirecta, no se aprecia inflación en los productos y servicios cotidianos? ¿Por qué, entonces, a pesar de la enorme deuda, que equivale a una enorme creación de dinero monetizando esa deuda, la inflación aún no es apreciable?

Este curioso fenómeno a través del cual la inflación no es apreciada es típico de muchos países hoy en día. Existe, sin embargo, una explicación lógica para entender a donde está yendo a parar esa enorme cantidad de dinero creado.

Recordando del capítulo I, la impresión de dinero producirá potencialmente inflación de los precios de manera artificial. No obstante, esta inflación puede aparecer en los propios productos y servicios consumidos a diario o, alternativamente, en los activos financieros (inmuebles, metales preciosos, acciones de empresas, títulos de deuda, obras de arte, ...), la mayoría de los cuales no cuentan en el IPCA. Para entender este fenómeno, tenemos que recordar los agregados monetarios. A través de ellos podemos entender por qué el nuevo dinero creado por el banco central (MB), a veces se filtra por la economía, llegando al escalón más bajo de la pirámide financiera, las familias, y en ocasiones no.

Por ejemplo, si un banco comercial posee reservas en exceso (MB), podría usar ese exceso como respaldo para otorgar un préstamo a una familia. De esta manera, esa familia dispondría de dinero, que sería utilizado en su día a día (M1), favoreciendo una inflación potencial si este efecto se generaliza. Alternativamente, sin embargo, ese banco podría decidir utilizar parte de esas reservas para comprar un título de deuda, ya que será bastante más seguro que prestar a familias. Por tanto, este dinero es borrado digitalmente de la cuenta de reservas por el banco central, y no llega a M1, lo que no producirá inflación en los precios de los productos o servicios, sino inflación en los bonos, que es precisamente lo que está ocurriendo actualmente en el mercado de deuda.

Entre estos títulos de deuda se encuentra la deuda corporativa. Dado que los bancos centrales están también comprando cada vez más este tipo de deuda, los bancos tienen un gran incentivo en comprar esta deuda antes que, nuevamente, otorgar préstamos a los hogares, lo que refuerza el encarecimiento del crédito privado.

Como ese dinero no llega a las familias, los precios de los bienes y servicios en el día a día no suben y por lo tanto las empresas no tienen incentivos en invertir para mejorar su productividad, a pesar del entorno favorable de tipos bajos. Ante esta situación, para las empresas de capital abierto es más conveniente aprovechar esa deuda barata, o incluso su propio beneficio, para comprar sus propias acciones en vez de invertir.

Este fenómeno, llamado de **buyback**, junto con el ambiente de tipos de interés ultra bajos, sumado a las compras cada vez mayores de deuda corporativa por parte de los bancos centrales está causando una enorme burbuja en el precio de las acciones.

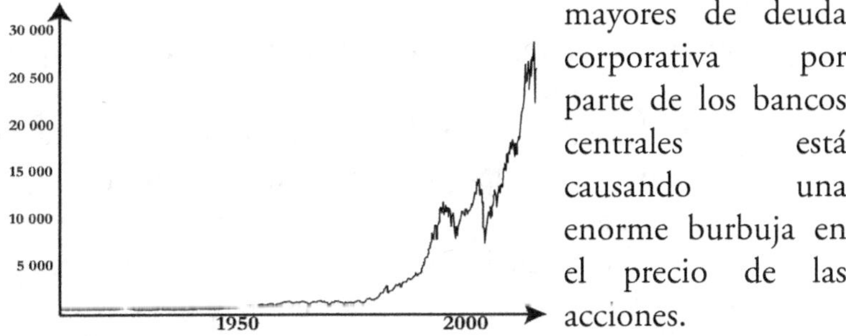

Histórico del Dow Jones. Fuente: macrotrends.net. Debido a las intervenciones de la Reserva Federal americana, los índices bursátiles, entre ellos el Dow Jones, no paran de crecer.

La burbuja completa

"Gobiernos no son apenas superfluos, sino también dañinos e inmorales." Leo Tolstói

Lo que fue aquí descrito fueron apenas algunos de los problemas de tener un banco central interventor en colusión con su gobierno. El banco central es, de hecho, el responsable de todas las burbujas financieras que estamos atravesando hoy en día, la llamada **burbuja completa** (*the everything bubble*):

- Burbuja en el mercado de deuda pública, ya que el banco central siempre será el último comprador de todos los títulos.

- Burbuja en el mercado de deuda corporativa, ya que los bancos centrales también están comprando títulos de deuda privada con un grado de inversión cada vez más bajo, para contener la eventual cascada de impagos y forzar con eso la subida de las bolsas; subida necesaria, ya que la mayoría de los fondos de pensiones están invertidos en bolsas de valores.

- Burbuja en el mercado de bolsa, debido a las compras de deuda corporativa que, lógicamente, aumentan el valor de las acciones. Además, debido a la caída continua de los tipos de interés de referencia, lo que facilita el acceso al crédito, lo que, a su vez, permite a las empresas ineficientes sobrevivir gracias a ese crédito barato; las llamadas empresas zombis.

- Burbuja en el mercado inmobiliario, ya que los bancos centrales también están comprando deuda respaldada en hipotecas.

La necesidad de un sistema libre y descentralizado

> "La gente no debería tener miedo de sus gobiernos. Son los gobiernos quienes deberían tener miedo de la gente." V

Los fallos del sistema monetario y financiero centralizado contemporáneo son numerosos y críticos. Describir todos sería interminable. En cualquier caso, creemos que fue suficiente para entender por qué es necesario un modelo económico alternativo, un sistema diferente donde prime la libertad; libertad a partir de la descentralización.

Para finalizar este capítulo, resumimos algunas de las agresiones que el poder central, ya sea un monarca o un gobierno, cometió contra sus ciudadanos a lo largo de la historia de la economía, tal y como fue estudiada durante los capítulos anteriores, y que aún comete en el presente:

- Pérdida de poder adquisitivo de los ciudadanos al disminuir la cantidad de plata en la moneda.

- Prohibición de la forja privada de monedas de oro o plata.

- Apropiación de la creación de moneda.

- Impresión de dinero no respaldada en oro provocando pérdida de poder adquisitivo.

- Confiscación del oro de los ciudadanos.

- Prohibición de comprar oro.

- Obligación de canjear oro por un precio inferior al precio de mercado.

- Obligación de utilizar una moneda fiduciaria sin valor algún.

- Prohibición de saques o confiscación de depósitos.

- Disminución del poder de compra de los ciudadanos, forzando ciclos virtuosos a través de inflación. Inflación disimuladamente baja en productos y servicios, pero enorme en los activos financieros, la mayoría de los cuales no contabilizan en el IPCA. Este ambiente es lo que se conoce como **estagflación**: economía estancada e inflación en los activos, que es el contexto en el que vivimos actualmente.

- Inflación en el precio de los inmuebles, dificultando cada vez más el acceso a una vivienda.

- Inflación en los precios de las acciones, lo que dificulta que las familias de clase media y baja se conviertan algún día en inversionistas y tengan ingresos pasivos a través de dividendos.

- Inflación de títulos de deuda corporativa que provoca un oligopolio estatal, que desincentiva el emprendimiento ante la imposibilidad de competir con empresas protegidas por gobiernos.

- Impuestos cada vez más altos para financiar gobiernos que no tienen incentivos en cuidar de las cuentas públicas. Impuestos que distorsionan por completo la cadena productiva, dejando sin margen de beneficio a los pequeños y medianos empresarios, que acaban cerrando empresas. Esto provoca un entorno de creciente desempleo y salarios estancados.

- Inflación en los títulos de deuda pública y privada, para revertir esta coyuntura deflacionaria en el mercado de consumo.

- Encarecimiento del crédito privado como consecuencia.

- Confiscación del poder adquisitivo de los ciudadanos mediante la devaluación de la moneda nacional.

- Aumento de la pobreza, pues las clases bajas son saqueadas por la inflación.

- Disparidad social por este ambiente de inflación en los activos financieros.

Esta es la realidad de un sistema controlado artificialmente. Un sistema que esclaviza a las personas a través del uso forzado de la moneda. Sin embargo, una vez más, una hermosa solución ha surgido naturalmente del libre mercado. Una solución para salvar a la población de sí misma.

Capítulo V

ECONOMÍA 3.0

Del dinero digital al dinero programable

Introducción

En el capítulo I definimos el significado de la economía y mostramos los conceptos básicos necesarios para comprender los siguientes capítulos. En el capítulo II fue iniciada una revisión histórica para comprender cómo la actividad económica surge de forma natural debido a las necesidades y deseos de los individuos. Esa economía primitiva, denominada economía 0.0, pasó de ser algo rudimentario a crear nuevos medios de intercambio como el dinero sólido, a partir de la acuñación de metales preciosos. Esta innovación favoreció los intercambios voluntarios, construyendo a partir de ahí un sistema económico más eficiente.

Surgía así lo que llamamos economía 1.0, resumida en el Capítulo III, en la que el valor de los bienes y servicios pasaba a ser medido en función de su peso en metales preciosos. En este contexto, comenzaron a surgir los primeros productos financieros, como los certificados de depósito de metales preciosos, de los cuales posteriormente surgiría el papel moneda. Todo con el objetivo de establecer algo difícil entre los humanos: la confianza. A partir de esa innovación emergieron también las primeras instituciones centralizadas de la economía: las casas de custodia y, posteriormente, los bancos.

A cada paso, el sistema económico se convierte en algo cada vez más ágil y eficaz, pues, de la grande fricción asociada a los intercambios basados en el trueque, se pasó a utilizar metales preciosos y, a partir de ahí, papel moneda, algo aún más ágil y liviano. Sin embargo, en esa mejora, el sistema económico tuvo que asumir un *trade-off*: mayor agilidad a cambio de centralizar el acceso al dinero, en poder de los bancos, lo que representaba un punto de debilidad sistémica.

Con el pasar de los años, como se apreció en el Capítulo III y IV, han surgido nuevos instrumentos financieros en respuesta a la demanda de los consumidores: préstamos, títulos de deuda, acciones, mercado bursátil, mercado de deuda, dinero digital, ... Esta nueva economía, la economía 2.0, hizo que los individuos se convirtiesen en participantes más dinámicos en el mercado, interactuando con él de varias formas posibles; una participación, sin embargo, pasiva, al tener que depender del acceso a un lugar físico o virtual para llevar a cabo dicha interacción.

Mientras tanto, un nuevo poder central comenzaba a ser implementado en todos los países. Un poder central capaz de influenciar directa o indirectamente esas sinapsis de interacción: los bancos centrales. En simbiosis con los gobiernos, estos acabaron tercerizando la emisión de moneda para los bancos centrales, que ahora podrían crear dinero como le diera en gana para sostener la deuda pública. Como vimos en el capítulo anterior, estas continuas intervenciones han creado la mayor burbuja económica jamás vista, la llamada burbuja completa, que está tensando cada vez más los mercados, y que probablemente desembocará en la mayor crisis económica de la historia cuando tal tensión sea desatada.

LA REVOLUCIÓN DEL BITCOIN

La revolución del Bitcoin

> "Si todavía no estás flipado con el Bitcoin es porque no lo entiendes." Anónimo

Es en este contexto económico, específicamente durante la crisis de las hipotecas de alto riesgo en Estados Unidos que, en 2009, nace el Bitcoin. Satoshi Nakamoto, su creador, o el pseudónimo del grupo que lo creó, dejó claro, en el primer bloque, el bloque génesis, por qué se creó el Bitcoin: «*The times 3/Jan/2009 Chancellor on brink of second bailout for banks*».

La frase fue tomada del diario inglés The Times, el cual se refería a un segundo rescate por parte del gobierno inglés a sus bancos. Es decir, un grito a la injusticia del sistema financiero contemporáneo, porque como describimos en capítulos anteriores, quien paga esos rescates son siempre los ciudadanos a través de más impuestos o a través de una devaluación de su dinero.

Con esta desafiante frase al sistema comenzó la revolución de Bitcoin. Una innovación con el potencial de reemplazar el sistema monetario y financiero actual. Entendamos poco a poco.

¿Qué es Bitcoin?

Bitcoin es un protocolo de comunicación a través de una red por pares (*peer-to-peer*), el cual se utiliza como criptomoneda. Esta red forma un registro contable público, donde toda la información sobre las transacciones realizadas por los usuarios se almacena de forma distribuida.

Con palabras llanas, la red Bitcoin es una especie de hoja de cálculo de Excel donde cada usuario tiene una pestaña donde aparece una sola columna, en la que se registra la cantidad de Bitcoin recibida. Técnicamente, esta cantidad de Bitcoin se denomina Transacciones No Gastadas del usuario o *Unspent Transactions Outputs* (UTxO), de cuya suma se deduce el saldo particular en Bitcoin de cada usuario.

La matematización de la confianza

Puede parecer sorprendente que algo tan simple como eso, una mera hoja de registro contable, tenga valor, pero tiene valor, y mucho. La innovación del Bitcoin no está realmente en lo que es, sino en cómo lo hace. Efectivamente, este registro contable puede ser editado por cualquier usuario, siempre que el resto esté de acuerdo. Esto es lo que se conoce como **reglas de consenso** del Bitcoin. Aquí es donde radica la innovación, en la solución del llamado "problema de los generales bizantinos", es decir, cómo llegar a consensos dentro de una red distribuida donde nadie se fía de nadie. Bitcoin resuelve así ese problema, estableciendo un sistema donde la confianza entre las partes no es necesaria. Esta es la verdadera innovación: la **matematización de la confianza**.

Para entender por qué algo así es disruptivo, es necesario reflexionar sobre la importancia de la confianza en todas las decisiones que tomamos a diario. Por ejemplo, desde que nos levantamos hasta que nos acostamos:

- Preparamos nuestro desayuno cada mañana con alimentos comprados en el supermercado, porque **confiamos** que ellos son de calidad, a pesar de no tener ni idea de cómo fueron procesados.
- Usamos nuestro coche para ir a trabajar en lugar de otros medios de transporte, ya que **confiamos** en que no va a averiarse en la mitad del camino, y porque **confiamos** en que, al utilizarlo, vamos a llegar a tiempo.
- Usamos servidores en la nube para almacenar nuestra información y posteriormente trabajar con ella, porque **confiamos** en que estos datos no se perderán.
- Comemos en cualquier restaurante porque **confiamos** que la comida servida no está envenenada.
- Pedimos una comida para cenar en casa, a pesar de estar sin dinero efectivo, porque **confiamos** que la tarjeta aceptará el pago.

Obsérvese como en todos los casos dependemos de entidades centrales: la empresa productora de alimentos o la agencia reguladora, nuestro coche, nuestro ordenador o servicios en la nube, el restaurante, la tarjeta, ... Al contrario, Bitcoin es una forma de establecer confianza sin depender de ninguna otra parte. En concreto, el Bitcoin resuelve eficazmente el problema de tener que confiar en que bancos o gobiernos custodien y controlen nuestro dinero.

¿Quién creó Bitcoin?

Satoshi Nakamoto es solo un pseudónimo. Realmente no se sabe quién lo creó. Y menos mal. Si el creador fuera alguien público ya lo habrían asesinado o encarcelado acusándole falsamente de algún delito irrelevante, o de algún delito ya preparado, o ya habrían destruido su reputación a través de los medios de comunicación. Por el bien del creador, y también por el bien de Bitcoin, lo mejor es que no se sepa quién lo creó.

Una figura, un rostro, siempre está detrás de cada institución pública o privada: bancos centrales, gobiernos o empresas, siempre colocan a alguien que represente esa autoridad central. El Bitcoin, sin embargo, tiene una filosofía contraria. Bitcoin no necesita a nadie con el pelo engominado, vestido de chaqueta y corbata, que esté detrás para convencer de su potencial. El potencial de Bitcoin radica en su esencia, no en su apariencia.

Esto de por sí ya es algo innovador, ya que estamos normalmente acostumbrados en confiar en algo debido a alguien, y no nos damos cuenta de la gran trampa en la que a veces podemos caer. Esto es así porque, por desgracia, el incentivo que las personas tienen para engañar a otras se vuelve a veces tan grande que el engaño compensa. Sin embargo, Bitcoin no engaña a nadie, ya que él es claro y diáfano; su mecanismo de funcionamiento es de código abierto, disponible para quien quiera revisarlo.

¿Por qué se crea Bitcoin?

Como se vio en capítulos anteriores, soluciones surgen constante y espontáneamente dentro del libre mercado para atender las necesidades y deseos de los individuos. Sin embargo, tarde o temprano todas las innovaciones son interferidas por el poder central, quien acaba tergiversando o inutilizando el potencial de esa buena idea, provocando que los usuarios acaben desanimados o perdiendo la confianza en esa innovación. Usuarios que, a pesar de ello, siguen utilizando las herramientas tradicionales por no haber otra alternativa. Sin embargo, ese descontento acaba actuando como un incentivo para que el mercado engendre otras soluciones sucesiva y espontáneamente.

En efecto, de la misma manera que, por ejemplo, la seguridad de un banco mejora naturalmente con la técnica cada vez más perfeccionada de los ladrones (la llamada **co-evolución**), el libre mercado siempre brindará soluciones que posibiliten intercambios libres entre individuos. Bitcoin, por tanto, representa otra nueva idea que surge de forma natural dentro del libre mercado para este propósito. O en otras palabras, el nacimiento de Bitcoin es una co-evolución que surge en respuesta a la tergiversación del sistema monetario por parte del poder central.

¿Bitcoin es otra idea nueva cualquier?

No, Bitcoin no es una idea nueva cualquier. Bitcoin es una gran idea, comparable a la invención del protocolo TCP/IP de internet.

Para entender por qué recordemos algunos de los fallos del sistema monetario contemporáneo, analizadas en los capítulos anteriores. Veamos cómo Bitcoin resuelve todos y cada uno de los siguientes problemas.

- Monopolio de la acuñación de dinero por una entidad central, la cual puede aumentar la base monetaria cuando le dé la gana. → La emisión del Bitcoin sigue unas reglas predefinidas escritas en el código fuente, las cuales no pueden ser alteradas.

- Forzar la inflación al 2%. → A diferencia de la estrategia inflacionaria (inflación según la escuela austríaca) ideada por los bancos centrales, el Bitcoin sigue un patrón desinflacionario, pues, como veremos, su emisión es gradualmente menor con el tiempo.

- Control del uso de moneda. → Por el contrario, Bitcoin no se puede controlar porque los incentivos para unirse a él son mayores que los incentivos para atacarlo y controlarlo.

- Control del valor de la moneda a través de los bancos centrales. → El precio de Bitcoin no puede ser controlado por nadie; su precio solo está sujeto al libre mercado.

- Las transferencias internacionales fueron oligopolizadas por unas pocas empresas, lo que incrementó excesivamente los costos y retrasó excesivamente el proceso, siendo este de hasta varios días. → Un usuario puede transferir Bitcoin desde su cartera a cualquier otra cartera del mundo en cuestión de minutos pagando una baja comisión. Nada que ver con los costes, alrededor del 20%, que se suelen cobrar por este tipo de transacciones.

- Las transacciones bancarias no se pueden realizar en cualquier momento ni durante cualquier día, lo que reduce la libertad del cliente. → El proceso de creación de bloques de Bitcoin nunca se detiene. Bitcoin funciona 24 horas al día durante los 7 días de la semana.

- Custodia del dinero por una entidad central, la cual puede decretar impago a cualquier momento. → Bitcoin es descentralizado. Por tanto, nadie puede inhibir su acceso desde un lugar específico, como se podría hacer cerrando una sucursal bancaria.

- Cuando los bancos crean dinero o crédito, casi nadie sabe cuánto, cómo o por qué fue creado o a dónde fue parar. → Contrariamente a la acusación de que Bitcoin se utiliza para blanquear dinero, Bitcoin es un registro totalmente público y transparente. Desde el primer archivo, el bloque génesis, todas las transacciones son accesibles en internet para cualquiera que quiera verlas.

¿Cómo funciona Bitcoin? Blockchain

La cadena de bloques (*blockchain*) es el sistema a través del cual Bitcoin almacena la información sobre las transacciones de los usuarios. Veamos cómo funciona.

Cada vez que un usuario desea realizar una transacción, debe confirmar cuántos bitcoins quiere enviar a otro usuario y también debe elegir la tarifa de transacción. Una vez que el usuario confirma la tarifa, la transacción se distribuye por la red de acuerdo con un protocolo de chismes llamado *flooding*. Los nodos de la red recopilan esa información y verifican que la transacción cumpla con las reglas de consenso (por ejemplo, tener suficiente saldo). Cuando la mayoría de los nodos confirman, la transacción se almacena en un *mempool* (*memory pool*). Un *mempool* es similar a una parada de autobús, donde se acumulan todas las transacciones, esperando a ser agrupadas dentro de un archivo (el autobús), abandonando así el *mempool* y siendo registradas para siempre de manera inmutable. Este proceso de construcción de archivos es llevado a cabo por los mineros, quienes, lógicamente, seleccionan del *mempool*, de mayor a menor, las transacciones que les proporcionan las tasas más altas. La tarifa de transacción es, por tanto, un incentivo necesario para competir por un recurso escaso como es el espacio limitado en el archivo. Cada archivo que contiene las transacciones está, de hecho, restringido a 1 MB.

La forma en que los mineros sellan los archivos de transacciones es mediante una operación matemática llamada *hash*, que crea un código hexadecimal a partir de la información contenida en el archivo; un código con un número fijo de dígitos, independientemente del tamaño de esa información. Este código o *hash* generado debe tener un número específico de ceros a su izquierda, en su cabecera. En caso contrario, el proceso debe ser repetido cambiando un número que está contenido en el archivo llamado *nonce*. Por lo tanto, los mineros compiten entre sí cambiando ese *nonce* y haciendo el *hash* hasta encontrar un *nonce* que genere un *hash* con un número suficiente de ceros en su cabecera, determinado por el protocolo de dificultad. El minero que lo logre recibirá una cantidad específica de Bitcoin como recompensa (6.25 bitcoins en la actualidad). Una cantidad, sin embargo, que irá disminuyendo con el pasar de los años, como veremos en breve, según este mecanismo de ajuste de dificultad. Esta es, por tanto, la forma en que se acuña Bitcoin. De ahí el nombre de "minar" Bitcoin.

Las funciones *hash* transforman cualquier información en un código hexadecimal de igual longitud. El *hash* de una información es como si fueran las huellas dactilares o el ADN de esa información. Existen varios algoritmos para obtener un *hash*. El que utiliza Bitcoin es SHA256 (*Secure Hash Algorithm* de 256

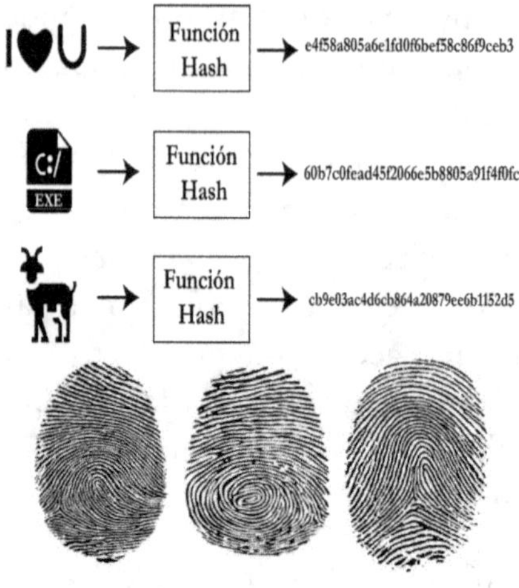

construye orden a partir del desorden.

bits). Las funciones *hash* se utilizan en Bitcoin para crear llaves públicas utilizando llaves privadas y también durante el proceso de minado, en el que los mineros obtienen *hashes* hasta encontrar un que tenga un número suficiente de ceros en el encabezado, determinado por la subrutina de ajuste de dificultad. Desde el punto de vista físico, la operación *hash* es un proceso irreversible, ya que es computacionalmente imposible obtener la información inicial a partir de su *hash*. Los procesos irreversibles son fundamentales en Biofísica, porque a través de ellos se

Una vez que los mineros cierran el archivo con las transacciones de los usuarios, este se envía de vuelta a los nodos de la red, los cuales lo guardan a continuación del archivo anterior. De esta manera, se forma una cadena de archivos, o cadena de bloques (**blockchain**), vinculados entre sí, ya que el código *hash* correcto, que sintetiza la información de un archivo, es escrito en el siguiente.

Precisamente por esta razón resulta muy difícil cambiar el contenido de los bloques, pues si cualquier minero, tratando de estafar a la red, alterara los valores de las transacciones contenidas en un bloque, él, para cerrar el archivo, acabaría generando un *hash* diferente del que ya estaba escrito en el siguiente bloque y, siendo así, no sería aceptado por los nodos verificadores. Por tanto, la única forma de estafar es conseguir hacer *hashes* más rápido que el resto de mineros para adelantarse a ellos, lo cual es prácticamente imposible. De hecho, solo sería posible si el farsante formase un cartel con más de la mitad de los mineros, (el llamado ataque del 51%) el cual, sin embargo, destruiría la red, pues nadie más iría a querer usarla.

De esta manera, los incentivos para aceptar las reglas y colaborar son mayores que los incentivos para estafarlas.

Finalmente, es importante señalar que el *hash* acertado por el minero sirve como prueba de su trabajo, mostrando así quién debe recibir la recompensa. Este concepto de prueba de trabajo es muy importante, porque en él se encuentra la esencia del funcionamiento de Bitcoin.

Proof of work (PoW)

Esta prueba de trabajo, o **proof of work (PoW)**, es el atestado de que el propio minero estuvo trabajando duro, creando infinidad de *hashes*, lo más rápido posible, para ganar la partida a otros mineros. Así, no basta con participar en la minería. No hay premio para los que participan; solo hay un premio para los que ganan, y si alguien quiere llevarse el premio, debe mejorar. La fuerte competencia en un entorno libre de regulaciones está en las entrañas del Bitcoin, creando así un sistema correcto de incentivos.

Muchos todavía critican el sistema de prueba de trabajo por ser lento y por ser un gasto energético inútil. Sí, eso es verdad en parte. El mecanismo de prueba de trabajo es lento y con un gran gasto de energía (aunque muy probablemente más se gaste en mantener el sistema financiero y monetario mundial), pero esa es la única forma conocida hasta ahora de crear una moneda a la vez segura y descentralizada. Cualquier criptomoneda creada con el fin de ser más rápida y más eficiente energeticamente que el Bitcoin con certeza no será ni tan segura ni tan descentralizada. Profundizaremos en esta declaración en breve.

Bitcoin es energía

Algunos desconocedores afirman que los mineros resuelven "ecuaciones matemáticas tremendamente complicadas" para cerrar bloques. Pero, en realidad, los mineros solo obtienen *hashes*, rápida y constantemente, y para eso utilizan máquinas diseñadas específicamente para ese tipo de operaciones llamadas ASICs (*Application-Specific Integrated Circuits*).

Así, buscando oportunidades de beneficio, emprendedores invierten en la compra de ASICs, montando lo que se conoce como *pools* de minería, pues cuanto mayor sea el número de máquinas, mayor será la probabilidad de acertar el *hash* que cierra el bloque y, con ello, ser recompensados con bitcoins por el esfuerzo computacional. En este sentido, Bitcoin puede ser entendido como un protocolo para **monetizar energía**. Nada muy diferente del proceso mediante el cual se extrae oro de la tierra, para lo cual también se necesita la mano de obra de los mineros. Esta idea se opone frontalmente a la forma en que los bancos centrales crean dinero hoy en día monetizando deuda: un dinero sin valor algún, porque fue creado sin ningún esfuerzo. Efectivamente, crear riqueza cuesta energía y todo lo que no sea así es un fraude.

Mecanismo de autorregulación de la dificultad

Como se mencionó anteriormente, el número de ceros al principio del código *hash* depende de un mecanismo de ajuste de dificultad. En efecto, después de cada 2016 bloques, **la**

dificultad se auto-regula mediante una subrutina insertada en el código fuente de Bitcoin.

Cuando los incentivos por minar aumentan debido, por ejemplo, a un aumento del precio de Bitcoin, el número de mineros que compiten entre sí también aumentaría. Tal competencia conduce a una mayor probabilidad de encontrar un *hash* correcto, lo que llevaría a un cierre del bloque en un tiempo inferior a 10 minutos. No obstante, cuando la minería es tan rápida, la seguridad de Bitcoin se ve comprometida. Se produce entonces un ajuste de dificultad. Efectivamente, después de 2016 bloques, lo que lleva unas dos semanas aproximadamente, el número de ceros en la cabecera del *hash* necesario para integrar la información contenida en el bloque aumentaría, lo que hace más difícil encontrar un *hash* correcto.

Por el contrario, cuando los incentivos por minar se reducen, debido, por ejemplo, a una caída en el precio de Bitcoin, la cantidad de mineros que compiten disminuiría. Esto provoca una disminución en la probabilidad de encontrar un *hash* correcto, lo que retrasaría el cierre de los bloques a más de 10 minutos. Sin embargo, una minería tan lenta no sería adecuada para transaccionar. Entonces, la dificultad de minar es automáticamente reajustada. Siendo así, después de 2016 bloques, el número de ceros en la cabecera del *hash* necesario para sintetizar la información contenida en el bloque disminuiría, facilitando de esta manera la búsqueda de un *hash* correcto.

Cuando el Bitcoin empezó a ser minado, cualquier usuario podía usar su propio ordenador para cerrar bloques y recibir su recompensa. Sin embargo, con el aumento del precio de Bitcoin, el cual generó un gran incentivo por minar, la dificultad del mecanismo de autorregulación no ha parado de aumentar hasta los días de hoy. Como resultado, conseguir minar un bloque con un computador personal se ha vuelto hoy en día teóricamente posible, pero prácticamente muy improbable.

La seguridad del Bitcoin

En efecto, la seguridad de la red de Bitcoin surge de la gran competencia que existe entre los mineros, que compiten por conseguir un *hash* correcto que les proporcione la recompensa.

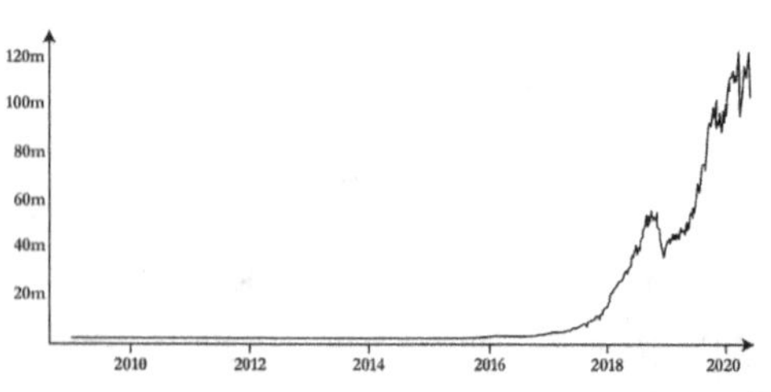

La cantidad total de *hashes* por segundo proviene de la suma de la cantidad de *hashes* individuales que cada minero realiza por sí mismo a cada segundo.

Esta potencia computacional total no tiene comparación con ninguna otra máquina en la Tierra. A día de hoy, la potencia de cálculo de la red de Bitcoin supera los 100 *ExaHash*/s o 100 trillones de *hashes* por segundo, es decir, 100 000 000 000 000 000 000 de *hashes* cada segundo.

Bitcoin es blockchain y blockchain es Bitcoin

"Primero te ignoran, después se ríen de ti, después luchan contra ti y finalmente vences."
Mahatma Gandhi

Nuestros arquitectos económicos no quieren ni oír hablar de Bitcoin porque este representa una amenaza para la continuidad del sistema financiero y monetario actual. Por esta razón, Bitcoin es continuamente ridiculizado y atacado en los medios tradicionales. A modo de ironía, la página web https://99bitcoins.com/bitcoin-obituaries/ describe la cantidad de veces que Bitcoin fue crucificado y declarado muerto por los medios de comunicación.

Entre estas críticas infundadas, probablemente una de las más técnicas es afirmar que *blockchain* es realmente una tecnología disruptiva, pero no Bitcoin. Sin embargo, aunque pueda parecer seria, esta afirmación no es más que una típica falacia del espantapájaros. De hecho, no es posible separar una cosa de la otra.

Es importante entender que los mineros crean y cierran bloques y reciben Bitcoin por eso. Es decir, Bitcoin es la recompensa por construir la *blockchain* sin la cual los mineros no tendrían ningún incentivo para hacerlo y, de ser así, no existiría una *blockchain* vinculada al Bitcoin. Por tanto, la relación entre ellos es recíproca, ya que la existencia de uno solo es posible gracias a la existencia del otro. Definitivamente, **Bitcoin es blockchain y blockchain es Bitcoin**.

La Santísima Trinidad: usuarios, mineros y validadores

Uno de los detalles menos explícitos, pero más importantes de la red Bitcoin es la fortaleza de su estructura. Una fortaleza basada en un **perfecto equilibrio de incentivos**.

Para establecer este equilibrio, en primer lugar, los usuarios pagan una tarifa a los mineros para que trabajen. A partir de ahí, en segundo lugar, los mineros realizan un esfuerzo computacional y envían su prueba de trabajo a los nodos validadores. Y finalmente, en tercer lugar, los validadores verifican qué mineros deben recibir su recompensa por su trabajo. Es decir, los usuarios dependen de los mineros y de los validadores, los mineros dependen de los usuarios y los validadores, y los validadores, que en la mayoría de los casos también son detentores de Bitcoin, dependen de otros que utilicen la red (usuarios) y de otros que la mantengan y la construyan (mineros). Todos los incentivos por tanto están correctos. Todo atado según un **triángulo perfecto**.

¿Dónde está el Bitcoin?

Uno de los mayores saltos al vacío para entrar en el mundo de Bitcoin es el hecho de que no sea tangible, y lo que es peor, como consecuencia, el hecho de no estar con el usuario. Esto puede resultar espantoso para la mayoría de los principiantes que, irónicamente, creen que el dinero que tienen en su cuenta corriente está dentro de su sucursal bancaria a su disposición para cuando lo deseen. Curiosamente, el hecho de que Bitcoin no sea material, es, al contrario, su gran ventaja, ya que, al ser solo información, puede almacenarse fácilmente o enviarse a bajo costo.

Como vimos en capítulos anteriores, proteger los metales preciosos o transportarlos era costoso y arriesgado. Posteriormente, usar papel moneda se volvió menos costoso y arriesgado. Sin embargo, con el monopolio de emisión de moneda por parte de los gobiernos, el poder de compra del papel moneda solo disminuye con el tiempo. Respecto al dinero digital bancario, no cuesta casi nada almacenarlo (pero es cuestión de tiempo que los bancos cobren a sus clientes por ese servicio debido al ambiente de tipos de interés negativos, los cuales afectan a los bancos, que tendrán que repasar ese coste adicional para sus clientes) y el envío cuesta poco a nivel nacional, pero bastante a nivel internacional. Por el contrario, custodiar Bitcoin no vale nada y enviarlo a cualquier parte del mundo, sin importar la cantidad, tiene un costo relativo muy bajo.

Descentralización. Llaves públicas y llaves privadas

Si los bitcoins no están con el usuario, entonces ¿dónde están? Como se explicó anteriormente, el saldo en Bitcoin que tiene cada usuario se corresponde con sus UTxOs, es decir, con aquellas transacciones no gastadas por el usuario, y que están asociadas a una **llave pública**, creada a partir de una **llave privada** sobre su custodia. Esta información se almacena dentro de los bloques de la *blockchain*, que a fecha de hoy ocupan un espacio de 242 Gb, los cuales a su vez se encuentran en los discos duros de los nodos validadores. Finalmente, los validadores transmiten esta información a un servidor de internet, donde está accesible para cualquier usuario.

La llave pública, por lo tanto, estaría asociada al saldo del usuario, pero solo con ella no sería posible realizar transacciones. Para efectuar una transacción, o usuario debe utilizar su llave privada, sin la cual sus bitcoins no podrían ser gastados (transferidos para otro). La llave privada, por tanto, da el poder de gastar los bitcoins que cada usuario tiene. En pocas palabras, la llave pública sirve para recibir Bitcoin y la llave privada para enviarlos.

La gestión de llaves públicas y privadas debe realizarse de

forma diferente. Como su propio nombre indica, la llave pública de un usuario A puede y debe mostrarse a un usuario B, si B desea transferir bitcoins para A. La llave privada, al contrario, nunca debe mostrarse a nadie, porque si el usuario A mostrase su llave privada para un usuario B, este usuario B tendría acceso a los bitcoins del usuario A y probablemente los gastará transfiriéndolos para su propia cartera, antes de que A los gaste en un tercero.

Carteras

Una **cartera** es un software con una interfaz simple para que el usuario verifique su saldo en criptomonedas. Para eso, la cartera se comunica con los nodos de la red o con algún servidor donde las transacciones de la *blockchain* son públicas (https://www.blockchain.com/).

Además de verificar el saldo, dado que las carteras encriptan las llaves privadas del usuario, estas también pueden usarse para firmar transacciones; acción necesaria para poder enviar Bitcoin. Además, dado que a partir de una llave privada se pueden generar una o más llaves públicas, las cuales actúan como direcciones virtuales, el usuario también puede proporcionar su dirección de cartera para otro usuario y así poder recibir Bitcoin a través de ella.

Exodus y Coinomi son algunos ejemplos de carteras para ordenador y dispositivos móviles. Aunque las posibilidades son cada vez mayores. La página web bitcoin.org muestra muchas más en función de las preferencias del usuario.

Frase semilla

La gestión de las llaves privadas es probablemente el punto más débil del Bitcoin, ya que es aquí donde entra el error humano. Muchos usuarios de hecho ya han perdido todo su saldo en Bitcoin debido a errores de este tipo. ¡Nunca dé sus llaves privadas a nadie!

Es muy difícil recordar los 64 caracteres que componen la llave privada. Por esta razón, las denominadas carteras jerárquicas deterministas, la mayoría en la actualidad, utilizan un proceso ligeramente diferente. Cuando se instalan por primera vez, estas billeteras crean aleatoriamente una semilla maestra en código binario, de la cual, utilizando un *wordlist* de 2048 palabras, se eligen 12, las cuales son llamadas de **frase semilla** (*seed phrase*) o **frase de recuperación** (*recovery phrase*). Esta frase semilla, a diferencia de la llave privada, se vuelve mucho más fácil de recordar. Por ejemplo, una frase semilla podría ser la siguiente:

horse bag phone water pencil tree window air again holiday spell strike

Algún lector inteligente pensaría que, dado que la frase semilla también sirve no solo para crear sino también para recuperar una cartera, se podría intentar adivinar esas 12 palabras para así recuperar, o mejor dicho robar, la cartera de alguien y así quedarse con sus bitcoins. El problema está en que, dado que el *wordlist* contiene 2048 palabras, el número de combinaciones sería 2048 elevado a 12, lo que equivale aproximadamente a 10 elevado a 39 combinaciones. Por si fuera poco, muchas carteras ya están implementando 18 o incluso 24 palabras, en lugar de 12, lo que convierte esa probabilidad en todavía más remota. De hecho, en el caso de usar 24 palabras, habría 29642774844752946028434172162224104410437116074403984394101141506025761187823616 combinaciones de carteras posibles.

A partir de la semilla maestra binaria la cartera hace un *hash*, del cual se obtiene la **llave privada maestra**. La llave privada maestra es un código hexadecimal de 256 bits, con el prefijo x80, que normalmente tiene esta forma:

x80d59a0e3c061b8a65137fbbb095b394ddf5dc56baa-9d3ab2ee10c493aab0eae54

Lo interesante de este formato es que incluye unos bits de verificación (*checksum*) que advierten en caso de que la llave privada usada sea incorrecta.

A partir de esta llave maestra, se deriva la **llave privada en formato WIF** (*Wallet Import Format*), que es el formato en el que la cartera almacena y usa la llave privada. Por motivos de seguridad, esta llave privada normalmente es inaccesible al usuario. Esta llave privada en formato WIF se construye codificando la llave privada maestra en base 58. La codificación en base 58 usa los números del 0 al 9 y el alfabeto en mayúsculas y minúsculas (totalizando 62 caracteres), eliminando, sin embargo, los caracteres ambiguos (0, O, I, l). Por lo tanto, es una codificación más reducida y que minimiza los errores de escritura. Esta llave privada WIF tiene 50 caracteres además del 5 inicial:

5KSMkax2pBX45P1arm7BuVCzUt6QSDUatfqGvSziC-GpqD1qjGJ7

Por último, a partir de la llave privada maestra, utilizando un algoritmo criptográfico de curva elíptica, se construye una llave pública con prefijo o **llave pública descomprimida**, que es un número hexadecimal de 512 bits (64 bytes), típicamente con este formato:

x04405629655f31d8613e9fe42053a7f02e346b3dd3b7b-fa7e4233bf0e16548d228cb83dc60e8f8974663a4079e8e2ca-2f9b88f900558af21c78137f228942326d9

De esta llave pública se obtiene otra a través de una operación denominada OP_HASH160, que consiste en realizar 2 *hashes*: primero usando el algoritmo SHA256 y luego usando o RIPEMD-160. En el resultado se implementan 4 bytes de *checksum* para detectar errores de escritura. Esta nueva llave pública finalmente se encripta en base 58 para obtener otra llave pública más pequeña que servirá como **dirección de cartera**. El resultado final es un código alfanumérico de entre 25 y 33 caracteres, además del 1 inicial:

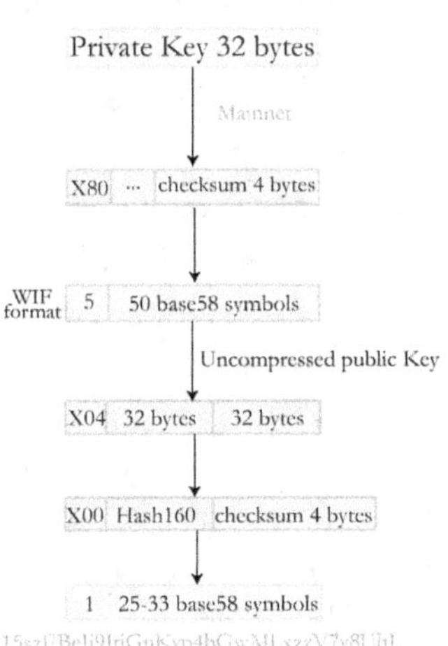

196kibgFfEkchMc3VumbQrYdz5sgXS6fLo

Este número 1 inicial se refiere al formato de la dirección. Todo lo anteriormente descrito se corresponde de hecho al formato de direcciones llamadas P2PKH (*Pay to PubKey Hash*). Sin embargo, ese no es el único formato posible. Las direcciones de cartera de Bitcoin también se pueden generar en formato P2SH (*Pay to Script Hash*), que típicamente comienza con 3, o en formato BECH32, que generalmente comienza con bc1. Los formatos de cartera P2SH y BECH32 son más avanzados, ya que permiten la creación de direcciones *multisig*, donde varios usuarios necesitan firmar para realizar transacciones, o crear direcciones que aceptan la optimización *SegWit*, la cual describiremos más adelante.

Almacenamiento frío y almacenamiento caliente

Hay dos posibilidades de gestionar la cartera de un usuario, cada una con sus ventajas y desventajas.

• **Almacenamiento o cartera caliente** (*Online*): Cualquier *software wallet* con acceso a internet es una cartera caliente. Típicamente se tratan de carteras que se instalan en el teléfono móvil, en el ordenador o en el navegador de internet a través de una extensión. Son fáciles de usar, rápidas y normalmente gratuitas, sin embargo, poco seguras.

• **Almacenamiento o cartera fría** (*Offline*): Son dispositivos especiales (Trezor o Ledger) similares a una memoria USB que utilizan contenedores encriptados donde se guardan las llaves privadas. Las carteras frías deben usarse cada vez que un usuario desee realizar una transacción y, por lo tanto, el acto de realizar la transacción es bastante más demorado. Sin embargo, debido a que estas carteras frías bloquean cualquier ataque desde el ordenador, estas se convierten en mucho más seguras que las carteras calientes.

Custodia de las llaves privadas

Todavía para este año de 2020 se espera una actualización

del código fuente de Bitcoin para permitir que las llaves privadas se codifiquen en un formato diferente al de la frase de recuperación o frase semilla. Esta actualización permitirá encriptar las llaves privadas en forma de una contraseña junto con un refrán, a gusto del consumidor, o de un párrafo del libro favorito del usuario, resultando así en algo más fácil de recordar o más fácil de encontrar en caso de olvido. Pero mientras llega esa actualización, lo recomendable es guardar la frase de recuperación siguiendo un almacenamiento frío. Por ejemplo:

• Escribir las palabras de la frase de recuperación en un papel y guardar al menos dos copias del mismo en lugares seguros.

• Utilizar placas de metal ya preparadas para colocar estas 12/18/24 palabras y guardarlas en un lugar seguro. Estas evitan la pérdida de llaves privadas por incendio o inundación.

• Escribir las palabras de la frase de recuperación en un archivo sin formato dentro del ordenador y formar un contenedor cifrado que, sin embargo, se almacene fuera de él (*offline*).

Otras opciones de almacenamiento habituales, como guardar las llaves privadas dentro del ordenador o en la nube, se consideran calientes y, por lo tanto, no son recomendables.

Casas de cambio centralizadas

Una pregunta que ya debe haber surgido es cómo obtener Bitcoin. Dado que obtener Bitcoin minando tal vez no sea una buena idea, la única opción que queda hoy en día es trabajar para ganar Bitcoin o comprarlo directamente a través de **casas de cambio** de criptomonedas, también llamadas de *exchanges*.

Las casas de cambio son agencias que, primero adquieren criptomonedas de los mineros, o de otras casas de cambio, y después las ofertan a través de su página web para los usuarios, los cuales pueden intercambiar su dinero fiduciario por criptomonedas o viceversa.

En los últimos años se han creado una gran cantidad de *exchanges*, algunas de ellas incluso a través de *crowdfunding* en lo que se denominó *Initial Exchange Offering* (IEO). Las *exchanges* tienen el potencial de reemplazar a los bancos tradicionales, sobre todo porque algunas de ellas ya ofrecen productos financieros similares. Sin embargo, las *exchanges*, como los bancos, siguen siendo entidades centrales y, por lo tanto, están sujetos a fallos, ataques, censura gubernamental o incluso a vetar clientes particulares. De hecho, uno de los requisitos para registrarse en una *exchange* centralizada es tener que completar el llamado KYC (*Know Your Customer*), es decir, tener que tomar varias fotos del rostro mostrando documentos oficiales, pues los gobiernos, cada vez con mayor frecuencia, exigen a las *exchanges* que estas envíen toda la información sobre las actividades de sus clientes y los identifiquen.

Por ello, otra opción cada vez más extendida es adquirir Bitcoin a través de plataformas como Localbitcoins, Paxful o Bisq, donde compradores y vendedores se reúnen virtualmente y realizan sus intercambios *peer-to-peer* de forma libre y voluntaria.

Bitcoin es la puerta de entrada a la Web 3.0

"Bitcoin no es el dinero de internet. Bitcoin es el internet del dinero."
Andreas Antonopoulos

De la misma forma que el protocolo TCP/IP sentó las bases de internet, dando lugar a las llamadas Web 1.0 y Web 2.0, Bitcoin sienta las bases de la llamada **Web 3.0**, que curiosamente no depende del protocolo TCP/IP. Esto se debe a que Bitcoin no es un protocolo en sí mismo, sino más bien un lenguaje. Es decir, Bitcoin puede transferirse por cualquier otro medio como *sms* o *bluetooth*, aunque lo preferible es usar medios de largo alcance como, por ejemplo, ondas de radio. Por eso, incluso si internet dejase de funcionar, Bitcoin no lo hará, ya que es independiente de esta.

Bitcoin introduce la descentralización y con ella la Web 3.0. En la Web 3.0, el paradigma de la transferencia de información cambia por completo. Los individuos no son más sujetos pasivos, subyugados a una entidad central de cuya información dependen, sino sujetos activos participantes y colaboradores de una red propia e interconectada. En la Web 3.0, los sujetos no dependen de nodos particulares de la red, pues todos son igualmente particulares.

A diferencia de la Web 2.0, en la Web 3.0 cualquier nodo de la red descentralizada tiene toda o parte de la información. La información está completamente distribuida. Por tanto, cualquier fallo o ataque a cualquier nodo de la red apenas afecta al conjunto. La Web 3.0, por lo tanto, es mucho más resiliente que su predecesora.

Altcoins: la explosión cámbrica

El rápido éxito de Bitcoin, junto con su potencial disruptivo, ha contribuido a que emerjan numerosos proyectos con características similares. Sin embargo, la mayoría de estas criptomonedas alternativas o **altcoins**, no pasaban de una simple copia del código fuente de Bitcoin, o de un proyecto con cambios menores que no aportaba nada nuevo ni mejor. Así, la "mano invisible del mercado" acabó haciendo su trabajo, seleccionando algunas de estas *altcoins* por su aparente potencial, y descartando otras, que terminaron sucumbiendo o sobreviviendo en el ostracismo.

La mayoría de estos proyectos de *altcoins* nacieron a partir de una especie de *crowdfunding* llamado ICO (*Initial Coin Offering*), en la que los participantes recibían criptomonedas de la *start-up* y, a cambio, esta invertía el capital recibido en mejorar o acabar de desarrollar su *altcoin*. La carrera por la recaudación de fondos, y por un nacimiento fuerte y exitoso, trajo la participación de muchos inversores con recelo a quedarse fuera del lanzamiento, provocando el llamado FOMO (*Fear Of Missing Out*). Sin embargo, una vez que la *altcoin* creada no tuvo la buena acogida esperada por el mercado, la emoción de fanáticos e inversionistas terminó convirtiéndose en decepción, resultando en la eventual pérdida del capital invertido.

Durante esta época, todos los detractores del Bitcoin utilizaron la falacia de la falsa analogía para equiparar el Bitcoin con otra ICO cualquier en forma de esquema Ponzi. Nada más lejos de eso, Bitcoin es realmente algo innovador y cada vez que una grande innovación emerge dentro del mercado, es natural que surjan innumerables imitadores para intentar robar ese protagonismo.

La temporada, ya finalizada, de *altcoins* a través de ICOs fue una consecuencia natural del mercado, que fue incluso positiva, ya que nuevas ideas siempre son bienvenidas. No obstante, una vez más, el sistema económico tuvo que tomar decisiones, aceptando las mejores innovaciones, a cambio de hacer sacrificios (*trade-offs*) a través del capital individual perdido en muchas inversiones que no acabaron siendo demandadas por el mercado.

Los fracasos de muchas *altcoins* del mundo cripto es análogo al fracaso de muchas empresas emergentes durante la burbuja de las puntocom. Efectivamente, para el mercado haber engendrado a gigantes como Google, Facebook o Youtube, también fue necesario sacrificar a tantas otras empresas aparentemente innovadoras como Altavista, Napster, Netscape u Orkut, que no lograron sobrevivir, o incluso otras como Terra o Yahoo, que terminaron siendo absorbidas por terceros.

El trilema de la blockchain

Dentro de este marco de explosión cámbrica, se crearon muchas *altcoins* con el propósito de competir directamente con Bitcoin, el cual, no sin razón, fue acusado de ser lento y poco escalable. De hecho, las transacciones de Bitcoin están limitadas a entre 3 y 7 por segundo e, incluso, algunas de estas transacciones, las que usen tasas más bajas, pueden quedarse en el limbo durante mucho más tiempo si el *mempool* satura.

Sin embargo, experimentalmente se comprobó que cualquier criptomoneda basada en *blockchain*, no solo Bitcoin, presentaba un **trilema insoluble**, lo que implicaba que ninguna de ellas podía ser completamente descentralizada, segura y escalable. No era posible, por tanto, lograr la perfección en estos tres requisitos al mismo tiempo, ya que para aumentar uno de ellos debía ser a expensas de reducir los otros dos.

¿Bitcoin como dinero o como reserva de valor?

Tras saber sobre la lentitud de Bitcoin, debería surgir la siguiente pregunta: ¿cómo una moneda virtual como Bitcoin, que como máximo puede manejar hasta 7 transacciones por segundo, podría competir con operadoras de pago como Visa o Mastercard que manejan hasta 24 000 transacciones por segundo?

Efectivamente, como así determina el trilema, Bitcoin tiene sus limitaciones. La seguridad y la descentralización del Bitcoin superan con creces su escalabilidad. De esta forma, a pesar de que la idea inicial de Bitcoin era a de ser considerada como moneda, sus características, dado el contexto económico inflacionario en el que vivimos, han hecho que más bien sea entendida como una **reserva de valor**. Es decir, una especie de oro digital.

¿Oro o Bitcoin?

> "El valor no es intrínseco. No hay valor intrínseco en las cosas. El valor está dentro de nosotros, en la forma en la que reaccionamos a las condiciones ambientales." L. V. Mises

Realmente surge entonces una pregunta: ¿quién es, por tanto, mejor como reserva de valor, el oro o el Bitcoin? En verdad, ser mejor o peor son conceptos relativos que no me corresponde a mí dictaminar y sí al mercado. ¿Quién soy yo para juzgar frente a la gran clarividencia del libre mercado? Es el mercado quién debe determinar quién es mejor o peor y eso dependerá de las circunstancias.

Son precisamente estas circunstancias opresivas y de pérdida continua de libertades individuales las que han hecho del Bitcoin un éxito. Ciertamente, el mercado no habría dado a luz a semejante innovación si estuviéramos viviendo en un entorno libre.

Muchos, especialmente los inversores tradicionales, piensan que el oro es claramente mejor porque, a diferencia del Bitcoin, el oro es tangible. Sin embargo, como vimos en el capítulo anterior, los gobiernos ya han confiscado el oro de los ciudadanos durante varias ocasiones a lo largo de la historia y, por lo tanto, ser material es una gran desventaja en ese entorno. Además, en circunstancias aún más opresivas, es dudoso que alguien pueda salir de su país con oro. Ya al contrario, nadie puede confiscar Bitcoin, pues hasta donde se sabe, resulta imposible extraer las 12, 18 o 24 palabras que componen la frase de recuperación de la cabeza de alguien, las cuales dan acceso a los bitcoins de los usuarios.

Desde otro punto de vista, podría decirse que el valor del oro está en sus propiedades intrínsecas, mientras que el valor de Bitcoin está en sus propiedades extrínsecas, en el sentido en que tiene valor debido principalmente a las propiedades del entorno en el que se encuentra, un entorno soportado por muchos nodos de validación y muchos mineros, sin los cuales Bitcoin apenas serían números escritos en una hoja de cálculo de Excel.

En cualquier caso, disociar la parte intrínseca de la

extrínseca no tiene ningún sentido. ¿Qué significa realmente tener valor intrínseco? Imagínese una persona perdida durante días en el desierto, ¿será que ella daría más valor a un kilogramo de oro o a un litro de agua? La respuesta es clara y a través de la misma podemos entender que no debemos separar el objeto, al cual queremos poner precio, de su entorno, porque es este último quien realmente determina el valor del objeto. Por lo tanto, los objetos deben valorarse sumando, y no eliminando, la parte intrínseca de la extrínseca.

Bitcoin es un bien escaso

A diferencia de los balances de los bancos centrales, que no paran de aumentar, y que están relacionados con la cantidad de dinero impreso física o creado digitalmente, la cantidad de bitcoins creados a lo largo del tiempo, tal como está escrito en su algoritmo, irá disminuyendo poco a poco. En efecto, en el código fuente del Bitcoin está implementada una función llamada *GetBlockSubsidy*, comúnmente conocida como *halving*, que estipula que la recompensa que los mineros ganan por cerrar cada bloque debe dividirse por la mitad cada 4 años, hasta que el total de bitcoins, 21 millones, estén minados. Esta política monetaria desinflacionaria hace que la creación de

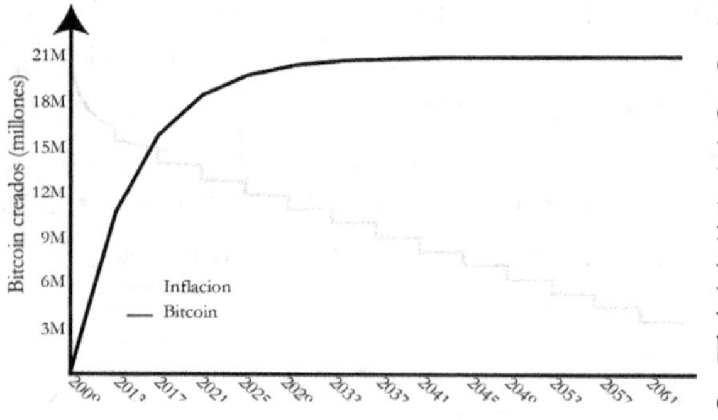

Bitcoin sea cada vez menor con el tiempo. La idea que está por detrás es hacer del **Bitcoin un bien escaso** como el oro.

Es importante destacar como, gracias a esta implementación, Bitcoin satisface todas las características, estudiadas en el capítulo II, que debe tener un ítem para convertirse en dinero:

1. Bitcoin es duradero, ya que es solo información.

2. Es fungible, porque o Bitcoin de Fulano es igual que el Bitcoin de Beltrano.

3. Tiene valor en sí mismo, un valor, sin embargo, que es principalmente extrínseco.

4. Es divisible hasta una cien millonésima parte (0.00000001 Bitcoin, también conocido como 1 satoshi).

5. Es escaso.

Bitcoin es una moneda programable

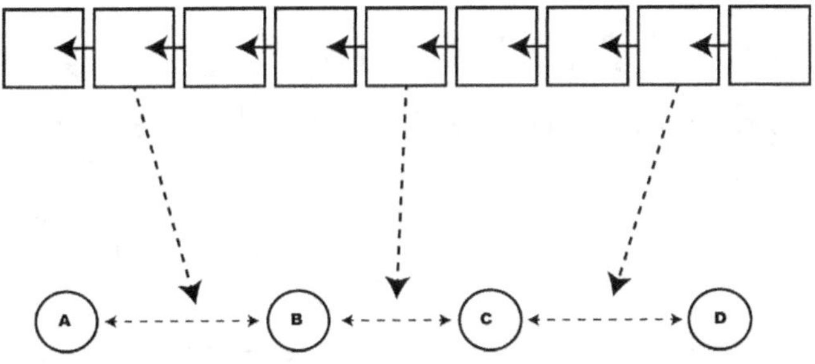

Efectivamente, Bitcoin es extremadamente lento para usarse como moneda. Sin embargo, el hecho de que sea solo información la convierte en una **moneda programable**, convirtiéndose así en una gran herramienta adaptable a las diferentes necesidades de los usuarios.

Esta capacidad de ser programable se aprovechó recientemente para crear un nuevo protocolo, denominado *Lightning Network*, el cual consiste en abrir canales de pago entre los detentores de Bitcoin, desde los cuales pueden realizarse transacciones instantáneas y a un costo casi nulo, que solo se comunican oficialmente a la *blockchain* cuando estos canales de pago son cerrados. De esta manera, se demostró como Bitcoin tiene potencial de crecimiento radial, como las capas de una cebolla, pudiéndose construir otros protocolos por encima de él. La idea es que Bitcoin sea el núcleo duro, núcleo de seguridad extrema, y capas adicionales con propiedades complementarias, puedan construirse a partir de la anterior.

Ya existen carteras que implementan el protocolo *Lightning*. Phoenix y Blue Wallet son dos ejemplos.

Dinero del gobierno, dinero de las empresas y dinero de la gente

"Libre, not Libra." Andreas Antonopoulos

Como hemos visto, Bitcoin ha provocado una explosión de monedas alternativas. Tal entusiasmo ha llevado a otros gigantes como Facebook a no perder el tren y terminar lanzando su propia criptomoneda, la llamada Libra. Sin embargo, debido a la gran cantidad de usuarios de Facebook, el eventual uso de Libra representaba una seria amenaza al dominio del dólar y otras monedas fiduciarias importantes. Y siendo así, fue completamente bloqueada por gobiernos, principalmente los de Europa y Estados Unidos.

Poco tempo después, algunos países como China anunciaron que también lanzarían su propia criptomoneda, abriendo así la posibilidad de que todos los gobiernos eventualmente tarde o temprano acaben emitiendo una moneda encriptada soberana. Los países están de hecho buscando formas de competir contra Bitcoin, pero su intención no es crear una moneda basada en una *blockchain* pública e de emisión inmutable como es Bitcoin, sino monedas privadas cuya emisión continúe siendo controlada y cambiada a su antojo. Es decir, nada diferente a lo que existe actualmente con el dinero fiduciario; o sea, el mismo perro con distinto collar.

Bitcoin ha roto el monopolio gubernamental de creación de moneda. A partir de ahora, los usuarios tendrán que elegir entre tres formas de dinero: **dinero de los gobiernos** (en formato digital en un futuro próximo, no más físico), **dinero de las empresas**, como Libra, o **dinero de la gente**.

Fuente: https://bankless.substack.com/ (Ryan Sean Adams & David Hoffman)

Propuestas de Mejora del Bitcoin (BIPs)

A pesar de dar la impresión de lo contrario, el código fuente de Bitcoin puede cambiarse. Los cambios en el código pueden efectivamente realizarse a través de las llamadas **BIPs** (*Bitcoin Improvement Proposals*) o **Propuestas de Mejora del Bitcoin**, realizadas a través de la plataforma de código abierto Github. Cualquiera puede enviar una propuesta de cambio, que será revisada por la comunidad, la cual tiene grandes incentivos en aprobar un cambio que mejore el código. De esta manera, si se considera favorable, esta actualización estará disponible para los validadores.

Las BIPs son documentos que brindan información a la comunidad o documentos que describen nuevas características que podrían implementarse en el propio Bitcoin o en su entorno de programación. Existen 3 tipos de BIPs:

- La BIP informativa, que advierte de problemas o propone nuevas orientaciones.

- La BIP estándar, que propone cambios que afectarán a todas, o gran parte, de las implementaciones de Bitcoin, llegando incluso al código fuente. Debido a esto, las BIPs estándar necesitan del consenso de la comunidad; tipicamente el 90% de esta.

- La BIP procesual, que propone cambios, como la BIP estándar, pero que no afectan el código fuente, sino al entorno del protocolo. Sin embargo, también suelen requerir consenso.

Bifurcaciones duras y bifurcaciones suaves

A diferencia de los entornos centralizados en los que el consenso es dictado o impuesto desde arriba, en entornos descentralizados como el de Bitcoin llegar a un consenso no es ni fácil, ni rápido, porque ni validadores ni mineros están obligados a aceptar las actualizaciones propuestas. Efectiva y prácticamente, Bitcoin es libre.

Dado que los cambios no tienen por qué ser aceptados, puede ser que algunos de los nodos no actualicen sus normas de consenso, y por lo tanto, no podrían validar bloques creados por los nodos que sí actualizaron las reglas. Si esta discrepancia persiste, la *blockchain* original acaba siendo desmembrada en dos, una con las reglas nuevas y otra con las antiguas, en lo que se conoce como **bifurcación dura** (*hard fork*). Las bifurcaciones duras a veces se vuelven necesarias para salvar la *blockchain* de algún error y otras veces son sugeridas por desarrolladores discordantes a través de las denominadas *software forks*. Efectivamente, si estos grupos tienen suficiente apoyo de validadores y mineros, se crea una copia de la *blockchain* original, conteniendo todas las transacciones hasta el último bloque minado, y se continúa minando bloques en una *blockchain* ya diferente, separada de la anterior.

La *blockchain* de Bitcoin ya ha pasado por varias bifurcaciones duras de este tipo, siendo el Bitcoin Cash, producido a partir del bloque 478558, una de las más importantes y controvertidas. Otras bifurcaciones como Bitcoin Gold, Bitcoin Diamond o Bitcoin Satoshi's Vision pueden resultarle familiares al lector.

Sin embargo, la mayoría de los cambios de Bitcoin se realizan a través de BIPs que solo mejoran el código o su entorno, sin cambiar demasiado su esencia. En este caso, se dice que la *blockchain* sufrió una **bifurcación suave** (*soft fork*). Una de las bifurcaciones suaves más conocidas y más solicitadas por los usuarios, debido a las altas tasas de transferencia, fue el llamado *SegWit* o *Segregated Witness* (Testigo Segregado), implementado a través de la propuesta BIP141. El *SegWit* era importante porque mejoraba la flexibilidad de las transacciones, implementaba un soporte adecuado para los protocolos de segunda capa, como la *Lightning Network*, y dejaba más espacio en los bloques, lo que disminuyó considerablemente los costos de transacción.

LA REVOLUCIÓN DENTRO DE LA REVOLUCIÓN:

ETHEREUM

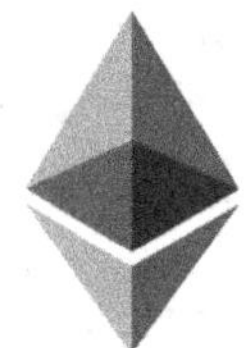

Ethereum

En 2013, un chico autodidacta de 19 años llamado Vitalik Buterin, pensó en desarrollar una BIP, una propuesta para mejorar Bitcoin. Su idea era generalizar el Bitcoin para que fuera más completo, y así poder transaccionar cualquier información, no solo con dinero virtual. Con eso, Bitcoin se convertiría en la base a partir de la cual muchas aplicaciones podrían ser montadas. Sin embargo, cuando Buterin trató de poner en práctica su propuesta, se dio cuenta que no funcionaría, pues el propio código de Bitcoin, como hemos visto, prima la descentralización y la seguridad antes que la escalabilidad. No obstante, lejos de darse por vencido, Buterin pensó que sería mejor crear un entorno diferente desde cero y para eso se unió a un grupo de desarrolladores, fundando la red **Ethereum**.

Ethereum, o mejor dicho, *Ethereum Virtual Machine*, es una plataforma pública y gratuita basada en *blockchain* con capacidad para ejecutar programas. Así, Ethereum ofrece el entorno perfecto para que cualquier usuario críe aplicaciones descentralizadas, comúnmente llamadas dapps (*decentralized apps*).

Ether

Excepto algunas pequeñas diferencias como la mayor velocidad de minado, estimada en un promedio de 15 segundos, el funcionamiento de la *blockchain* de Ethereum, en su versión actual, la 1.0, es muy similar al funcionamiento de la *blockchain* de Bitcoin. Desde el punto de vista de los incentivos, el sistema actual de Ethereum también utiliza nodos validadores y mineros que realizan *hashes* para cerrar bloques y así recibir su recompensa denominada **Ether**, o abreviadamente, ETH.

Una de las diferencias quizás más importantes es que, a diferencia de Bitcoin, Ether no es solo una moneda sino una moneda dentro de un entorno de programación. Efectivamente, ETH es la moneda que actúa como medio de pago para que los mineros sellen las transacciones que contienen la información que hace que los programas se ejecuten. Esta tasa se llama **gas**. El gas se paga en Gweis o Gigaweis. Los Gigaweis son subunidades de ETH. En concreto, 1 Gwei equivale a 0.000000001 ETH. Sin embargo, la unidad mínima de ETH sería el wei, que es análoga al shatoshi en Bitcoin. La equivalencia entre ETH y wei sería:

1 Ether = 1000000000000000000 wei

En el entorno de la red virtual de Ethereum, el gas, específicamente 1 Gwei, es la unidad mínima de trabajo computacional realizado por los mineros. Así, dependiendo de la capacidad de la red, este trabajo computacional puede volverse más relajado o más duro, lo que marca el precio del  gas. Por ejemplo, cuando la red Ethereum está saturada, el precio del gas sube, ya que en ese caso habría que pagar más por solicitar los servicios de un minero. En cambio, si los mineros están ociosos, el servicio se vuelve barato y el precio del gas cae.

Otro concepto importante además del precio del gas es el **límite de gas**. Podemos entender el límite de gas usando la misma analogía del autobús que aplicamos para entender cómo funciona la *blockchain* de Bitcoin. La diferencia está en que, en el caso de Bitcoin, con algunas salvedades, cada transacción equivaldría básicamente a un pasajero. Ya en el caso de Ethereum, en lugar del autobús que transporta pasajeros, este transportaría familias, siendo estas familias pequeñas, en el caso de una simple transferencia de ETH, o grandes, en caso de transacciones más complejas que involucren un mayor número de bytes. De esta forma, el límite de gas sería la cantidad máxima de gasolina que cada una de estas familias estaría dispuesta a suministrar para que el autobús llegue a su destino.

Una vez que se fijan el precio y el límite del gas, se procesa la transacción. El usuario terminará pagando la tarifa de transacción, que es igual a:

Tasa_Transaccion = Gas_Consumido * Precio_Gas

Si esta tasa de transacción requerida, pagada por el usuario, es menor o igual al producto del límite de gas por su precio, entonces la transacción se completará y se devolverá el resto del gas usado hasta el límite. En cambio, si esta tasa de transacción requerida, es mayor que el producto del límite de gas por su precio, entonces la transacción no se llevará a cabo, pero sí será cobrada por el minero, ya que este dedicó un esfuerzo computacional a intentar realizarla.

Otro problema que podría ocurrir sería en el caso de ofrecer un precio de gas demasiado bajo. De hecho, si esa cantidad no es suficiente, el conductor del autobús no aceptará llevar a esa familia y terminará marchándose sin ellos. Es decir, esa transacción no se completará, quedándose pendiente (*pending transaction*). Esto se debe a que los mineros son incentivados a colocar en el bloque las transacciones de los usuarios que más dinero le retornen, pues si no fuera así la red estaría continuamente saturada, lo que la tornaría inútil. En ese caso, entonces, esa familia tendría que esperar a que otro conductor acceda a llevarlos por esa cantidad, o si no, tendrían que pagar más por el precio de la gasolina, pues en el momento en el que ellos quieren viajar los mineros estarían muy ocupados.

Todo esto puede parecer algo confuso, pero la mayoría de las carteras de Ethereum estiman automáticamente tanto el precio del gas como el límite requerido. Por tanto, el usuario no tiene que preocuparse por cómo funciona este mecanismo.

Contratos inteligentes

Además de proteger a los usuarios de la pérdida de poder adquisitivo, el gran potencial de Bitcoin radica en permitir a las personas comerciar libremente sin necesidad de intermediarios, en este caso los bancos. En cambio, el gran potencial de Ethereum es que permite a los usuarios firmar acuerdos a través de los llamados **contratos inteligentes** o *smart contracts*, para el cual ningún tipo de intermediario es necesario.

Esto puede parecer fútil, pero es completamente disruptivo. De hecho, por primera vez en la historia de la economía y las finanzas, las personas no necesitan de un tercero para hacer tratos. Los contratos inteligentes ponen fin a la gran fricción en forma de tiempo y dinero que impone el sistema tradicional 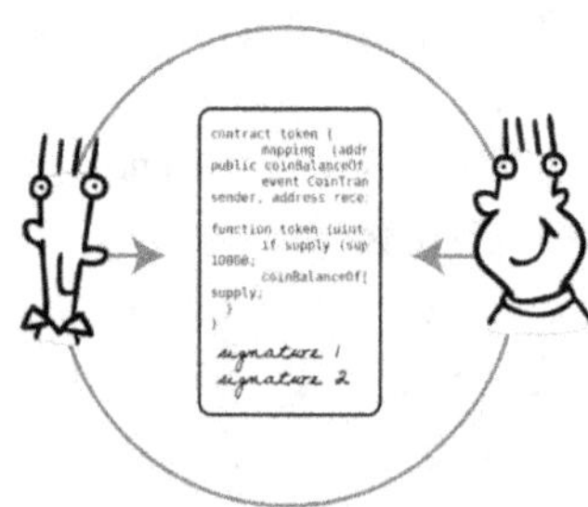a la hora de emprender y realizar transacciones. Ahora, con unos pocos clics de ratón desde cualquier terminal, cualquier usuario puede establecer acuerdos con otras partes interesadas incluso sin siquiera haberse conocido.

Un ejemplo de contrato inteligente simple, en el lenguaje de Solidity, el lenguaje estándar de Ethereum, sería el siguiente:

contract Nascimento {

    string store = "El 5/11/2020 nació Maria Silva Silva";

}

Este contrato (*contract*) llamado "Nacimiento" crea un espacio en la *blockchain* de Ethereum, donde se almacena (*store*) una cadena de caracteres (*string*) que indica el nacimiento de alguien. Este contrato, sin embargo, no estaría completo, ya que se necesitaría implementar otras funciones como, por ejemplo, solicitar la firma del usuario, utilizando su llave privada criptografada. En cualquier caso, creemos que es suficiente para tener una idea de cómo funciona un contrato inteligente.

Los contratos inteligentes abren una amplia gama de posibilidades dentro de la red Ethereum, siendo los *tokens* ERC una de las formas más utilizadas hasta la fecha. Sin embargo, antes de profundizar en estos *tokens* ERC es necesario primero entender otros detalles.

Oráculos

Muchos contratos inteligentes necesitan información del exterior para crearse automáticamente o ejecutarse de forma autónoma. El mecanismo a través del cual esta información se alimenta del exterior al interior de la *blockchain* es a 

través de los llamados **oráculos**, los cuales interactúan con ciertas páginas web a través de *Application Programming Interfaces* (APIs). En pocas palabras, los oráculos son el puente entre el mundo físico y el mundo virtual.

Los oráculos son tan necesarios como delicados, porque al interactuar con el mundo fuera de la *blockchain* representan puntos centrales de vulnerabilidad. De hecho, esta vulnerabilidad fue aprovechada recientemente (febrero de 2020) por un hacker usando un tipo especial de contrato inteligente para préstamos instantáneos (*flash loans*), préstamos que se firman y se finalizan en el mismo bloque.

La comunidad todavía está debatiendo sobre cómo resolver el llamado problema de los oráculos: si construir oráculos más seguros, pero centralizados, o si construir oráculos más descentralizados, pero imparables ante eventuales fallos.

Sistema de Archivos Interplanetario (IPFS)

La descentralización de la Web 3.0 introducida por las criptomonedas, y en este caso específicamente por Ethereum, permite cambiar radicalmente la forma en que los usuarios acceden a la información. Actualmente, los usuarios acceden a sus plataformas habituales (correo electrónico, páginas web de noticias, redes sociales, webs de streaming, ...) estableciendo una comunicación desde su terminal (ordenador, celular o tablet) al servidor, quien hospeda esa información. En ese sentido, los usuarios dependen de los servidores, quienes tienen todo el poder de la información en sus manos. Es bien sabido que estos entes centrales representan puntos de vulnerabilidad de la red, lo que deja expuestos a sus usuarios en caso de fallo. De hecho, filtraciones de datos íntimos de los usuarios, o el tráfico de estos datos con fines comerciales o políticos, han sido frecuentes en plataformas conocidas durante los últimos años.

El **sistema de archivos interplanetario** o *InterPlanetary File System* (**IPFS**) resuelve este problema. En este sistema, en lugar de acceder al servidor, el usuario, desde su terminal, solicita información a todos los nodos que, de forma descentralizada, la poseen. La gran ventaja de este sistema es que a medida que se distribuye la información, esta no puede ser censurada ni el acceso a la misma puede ser bloqueado.

Servicio de Nombres de Ethereum (ENS)

El sistema IPFS puede ser implementado a través del llamado **Servicio de Nombres de Ethereum** o *Ethereum Name Service* (**ENS**). Este servicio ENS es lo que las DNS son en el protocolo TCP/IP. En este protocolo de transferencia de datos entre terminales, cada terminal está identificada por una IP, es decir, por un número de 4 octetos nada fácil de recordar. Para entonces facilitar su uso, el Sistema de Nombres de Dominio o *Domain Name Service* (DNS) permite asociar un nombre común a una IP.

De manera similar, el sistema ENS asocia un nombre fácil de recordar a una llave pública perteneciente a la cartera de un usuario, que a su vez se puede  vincular a un espacio de memoria en el sistema IPFS. Es decir, el servicio ENS permite al usuario tener un espacio web, que además de ser su sitio web personal también es su cartera.

Antes de continuar adentrándonos en el mundo de Ethereum, es interesante reparar sobre cómo el sistema ENS depende del sistema IPFS, el cual depende de un contrato inteligente, el cual a su vez depende de la *blockchain* de Ethereum. Es decir, los protocolos finales solo son posibles gracias a que existen los anteriores. En este sentido, los protocolos de Ethereum emergen de manera orgánica.

Organizaciones Autónomas Descentralizadas (DAOs)

Debido nuevamente a la centralización, muchos usuarios han perdido la confianza en las instituciones. De hecho, estas instituciones serían más eficientes si no estuvieran controladas por líderes que, al ser puntos de vulnerabilidad, siempre son susceptibles a sobornos u otro tipo de ataques.

Gracias a la *blockchain* de Ethereum, colectivos de individuos con propósitos comunes pueden crear un conjunto de reglas específicas y darles forma en un contrato inteligente, el cual ejecuta automáticamente, sin la necesidad de supervisores, las acciones predeterminadas en el mismo. Este tipo de organizaciones se denominan **Organizaciones Autónomas Descentralizadas** o *Decentralized Autonomous Organizations* (**DAOs**) y su creación se ha multiplicado en los últimos años.

Al contrario de lo que pueda parecer, la mayoría de las DAOs no son organizaciones privadas o cerradas. Son organizaciones

públicas en la *blockchain* de Ethereum, accesibles a participantes o colaboradores en caso de que estos compartan los mismos objetivos.

Las plataformas **Aragon** o **MolochDAO** pueden ser buenas opciones para el lector crear su propia DAO o para coordinar un proyecto y pedir financiación con el objetivo de desarrollar alguna idea original.

MakerDAO. Monedas estables

Una de las DAOs más importantes es MakerDAO. MakerDAO es una comunidad encargada de mantener y gobernar el protocolo Maker, que permite a los usuarios crear una criptomoneda llamada **DAI**, a partir de otras criptomonedas utilizando estas últimas como garantía o colateral.

Lo interesante de la criptomoneda DAI es que está vinculada al dólar. Este tipo de criptomonedas, en realidad *tokens* (entenderemos eso en el próximo apartado), que mantiene su paridad con cualquier moneda fiduciaria se denominan **monedas estables** o *stable coins*. Las monedas estables son muy importantes porque protegen a los usuarios del mundo cripto de los episodios de fuerte volatilidad que a veces sufren las criptomonedas; volatilidad que, por otro lado, es natural debido a la baja capitalización que aún tiene este mercado.

Monedas estables también permiten a los usuarios más tradicionales salir del mundo fiat y entrar en el mundo cripto, aprovechando sus beneficios, sin, por falta de confianza, estar expuestos a las criptomonedas.

DAIs, cofres y CDPs

El DAI se crea mediante el depósito de una criptomoneda o *token*, que actúa como colateral,

en un tipo especial de contrato llamado de **cofre** o *vault*. La estabilidad del DAI se realiza a través de un sistema de pesos y contrapesos basado en la ley de la oferta y la demanda, con el fin de vincular su precio al precio del dólar (USD). Para eso, el protocolo Maker implementó dos mecanismos: la tasa de estabilidad o *stability fee* (SF), que afecta la oferta de DAI, y la denominada tasa de ahorro de DAI o *DAI Savings Rate* (DSR), la cual afecta a la demanda por DAI.

Por ejemplo, si el precio del DAI está por debajo de 1 USD se hace necesario incrementar la oferta de DAIs en el mercado para desvalorizarlo. Para ello, se reduce la tasa de estabilidad. Esta tasa de estabilidad sería la tarifa anual que pagaría el usuario por acuñar DAI y usufructuar de él. De esta manera, si la tasa de estabilidad es reducida, el incentivo para la acuñación de DAI aumentaría, que a su vez haría aumentar la oferta de DAIs en el mercado, lo que provocaría una caída de su precio frente al dólar.

Ya al contrario, si el precio del DAI es superior a 1 USD, se incrementaría la tasa de estabilidad, lo que incentivaría la liquidación de préstamos, es decir, la destrucción de DAIs. En este caso, se rescinde el contrato inteligente y, para ello, se entregan los DAIs que fueron creados. A partir de ahí, se abre el cofre, los DAI entregados son destruidos y finalmente se rescata el colateral. Esta "quema de DAIs" lógicamente reduce su oferta, lo que haría su precio subir frente al dólar.

Estas creaciones y quemas de DAIs a través de la tasa de estabilidad son, digamos, un ajuste groso con el propósito de afectar fundamentalmente la oferta. Sin embargo, también puede usarse la tasa de ahorro de DAI (DSR) para actuar en la demanda, realizando así una especie de ajuste fino. De hecho, si el DSR aumenta, se incentivaría a los usuarios a depositar DAI dentro de un contrato inteligente, lo que equivale, por ejemplo, a depositar DAI en una cuenta de ahorro. Lógicamente, si el interés por guardar DAI aumentase, su demanda también aumentaría, lo que provocaría un aumento de su precio con respecto al dólar. Y por el contrario, si la DSR baja, los incentivos para comprar DAI y colocarlo en esa cuenta de ahorro disminuirían, reduciendo así su demanda, lo que provocaría una caída de su precio frente al dólar.

Observe cómo el funcionamiento del DAI es muy similar a los mecanismos que utilizan los bancos centrales, estudiados en el capítulo anterior. Recuérdese cómo, en las operaciones de mercado abierto, los bancos centrales se quedan con un colateral (títulos de deuda) a cambio de dinero nuevo, lo que rebaja el tipo de interés básico, devaluando con eso el precio del dinero. En cambio, en el protocolo Maker, de manera parecida, al depositar una criptomoneda o *token* como garantía se reciben DAIs, aumentando su oferta y por lo tanto provocando su devaluación.

Sin embargo, la diferencia entre un banco central y el protocolo Maker es que, por las razones que estudiamos en el capítulo anterior, el primero tiene una tendencia a devaluar continuamente el precio del dinero. Ya el segundo, directamente no, aunque indirectamente, dado que todas las monedas fiduciarias son forzadas a devaluarse, el DAI estará lógicamente vinculado a dicha devaluación.

Desde un punto de vista técnico, cuando se acuña DAI, se dice que el usuario tomó una **Posición de Débito Colateralizado** o *Collateralized Debt Position* (CDP). Es decir, el usuario posee una deuda, los DAI acuñados, la cual se liquida si el aval usado como garantía pierde un determinado porcentaje de su valor. Esta fracción se denomina porcentaje de liquidación (*liquidation ratio*) y el protocolo Maker la sitúa en 150%. Este porcentaje de seguridad determina efectivamente el precio de liquidación del CDP a través de la siguiente fórmula:

Precio_liquidacion = DAI_creado * Porcentaje_liquidacion / Cantidad_colateral

Podemos entender todo con un ejemplo. El precio actual de 1 ETH es de aproximadamente 400 dólares, así que supongamos que 1 ETH = 400 DAI. Podríamos entonces usar 1 ETH como colateral para acuñar 400 DAIs. Pero si lo hacemos, estaríamos acuñando DAI usando el 100% de ETH, y eso no es posible. Efectivamente, debemos colocar al menos un 150% como aval. Es decir, al menos 1.5 veces más valor en ETH que valor en DAI. Sin embargo, por seguridad, se recomienda elegir de 200% para arriba. Entonces, asumiendo un 200% de garantía, podemos acuñar con seguridad 200 DAI dejando 1 ETH como depósito dentro del cofre. De esta manera, si el valor de ETH fluctúa alrededor de 400 dólares, el cofre estará seguro. Sin embargo, si ese valor cae por debajo de 300 dólares, que sería el precio de liquidación, dado por la fórmula anterior:

200 DAI * 1,5 / 1 ETH = 300 DAI = 300 USD

entonces se activa automáticamente el llamado proceso de liquidación, mediante el cual el colateral del usuario se vende con un descuento del 3% a cambio de DAIs, los cuales se utilizan para pagar la deuda. Además, antes de esa venta el protocolo cobrará la llamada penalización de liquidación, situada en el 13% del total colateralizado. Con eso, se rescinde el contrato del cofre. El usuario pierde entonces su aval, pero conserva los DAIs que pidió prestados y que no fueron devueltos.

Las posiciones de CPD pueden parecer arriesgadas, pero no lo son siempre que el usuario gestione su cofre de forma adecuada, manteniendo una posición colateralizada del 200% o 250% como mínimo. De esta forma, al gestionar adecuadamente este riesgo, el usuario podrá disfrutar de forma perpetua de sus DAIs, que son uno de los principales *tokens* que abren la puerta a innumerables protocolos financieros descentralizados, algunos de los cuales estudiaremos en el siguiente apartado.

Desde este punto de vista, ya que gestionando adecuadamente ese riesgo la posición colateralizada puede ser perpetua, es decir, sin fecha de vencimiento, podríamos pensar que existe cierta analogía con el funcionamiento de la custodia de los metales preciosos, estudiados en el Capítulo III. De hecho, la casa de custodia representaría el contrato inteligente, el oro equivaldría a la criptomoneda utilizada como garantía y el certificado de depósito sería el DAI. La ventaja con el protocolo Maker es que todo se hace a través de un contrato inteligente y, por tanto, no se necesitan intermediarios.

Esta analogía podría resultar un tanto ingenua, sin embargo, la tendencia es que cada vez más el mercado utilice criptomonedas como Bitcoin o Ether como reservas de valor y, por tanto, como los nuevos y sólidos cimientos de la economía 3.0, de la misma forma que el oro sostiene el sistema financiero mundial y los títulos de deuda sostienen el sistema monetario. En un futuro cercano, quién sabe, las únicas monedas que usaremos para realizar compras diarias sean las monedas estables, las cuales hayan surgido a través de depósitos colateralizados como los de Maker.

Tokenomics: Tokenización de la economía

Reflexionemos desde otro punto de vista sobre el verdadero propósito del DAI. El objetivo del DAI es utilizar un mecanismo descentralizado y automático para crear algo en el mundo virtual, el propio DAI, a partir de algo que existe en el mundo físico, el dólar. Detrás de esta idea completamente revolucionaria está lo que se conoce como **tokenización**.

Con la tokenización, cualquier bien o, por increíble que parezca, también cualquier servicio, puede convertirse en un *token*. Desde una casa, un coche, una onza de oro, el propio Bitcoin o un corte de pelo de su peluquero de confianza, ¡todo puede ser tokenizado!

Un *token* es como si fuera una ficha, es decir, una representación de algo con valor. Recordando el capítulo III, el dinero representativo ya fue usado a lo largo de la historia. La idea, por tanto, no es del todo nueva, pero es de gran utilidad. Entre otras ventajas, la tokenización de un activo físico elimina por completo las amarras y la gran fricción que existe a la hora de intercambiar eses activos dentro del mundo real. Si, por ejemplo, una casa es tokenizada, el cambio de propietario podría ejecutarse en cuestión de segundos, evitando así el enorme papeleo y la pesada burocracia estatal que dilata este proceso, desde semanas hasta incluso meses, además de contornar los enormes costos asociados a este tipo de intercambio.

Tokenización de los servicios

Tokenizar bienes o activos financieros es una idea comprensible y razonable, pero tokenizar servicios puede resultar algo más abstracto. Entendamos entonces cómo a través de un ejemplo.

Supongamos que Albano y Beltrano son dos cantantes que forman un dúo country poco conocido. Entonces, ellos pueden crear *tokens*, llamados $Albano_e_Beltrano para ofertar sus servicios de tocar al vivo. De esta forma, cualquier interesado podría demandar ese *token* y canjearlo en una fecha futura por ese servicio. Además, dado que el dúo es poco conocido, cualquier otro usuario podría ver potencial en tener este *token* y de esa manera podría comprarlo barato con la intención de revenderlo más caro en el futuro.

Este tipo de especulaciones, injustamente criticadas por muchos, es, sin embargo, una forma eficiente que tiene el mercado para incentivar emprendedores y para crear y dar a conocer ideas buenas. Sin especuladores que se arriesguen a invertir su capital en productos o servicios con potencial, pero poco conocidos, apenas habría innovaciones.

Cada vez hay más plataformas para tokenizar servicios. Recientemente se creó la denominada Roll Network. Roll Network es una plataforma de economía social en la que cualquier usuario puede registrarse para tokenizar sus servicios. Sin embargo, la plataforma personaltokens.io probablemente sea la más utilizada.

Tokens fungibles y tokens no fungibles (NFTs)

En Solidity, el lenguaje de programación de la red Ethereum, pueden crearse contratos inteligentes con diferentes características. Para que un contrato inteligente se convierta en estándar, las propuestas deben enviarse en forma de EIP (*Ethereum Improvement Proposals*) y deben ser aprobadas por la comunidad. Estos contratos inteligentes estándar se denominan ERC (*Ethereum Request for Comments*). Por ejemplo, para utilizar o servicio de ENS se requiere el ERC137 y el ERC162, entre otros.

Hay muchos tipos de ERC, pero probablemente los más importantes son aquellos a partir de los cuales se pueden crear *tokens*. Entre ellos, los dos más conocidos son el ERC20, a partir del cual se generan los llamados **tokens fungibles**, y el ERC721, a partir del cual se generan los llamados **tokens no fungibles** o *Non-Fungivel Tokens* (**NFTs**).

Los ERC20 son, con mucho, los más utilizados, ya que permiten crear *tokens* utilizando la *blockchain* de Ethereum. El ERC20 en realidad propició el boom de las altcoins; la mayoría comenzando como *tokens* ERC20 para, en caso de éxito, migrar para una *blockchain* propia. Este tipo de contratos inteligentes ERC20 utilizan una función llamada totalSupply(), que permite crear una cierta cantidad de *tokens*, siendo todos iguales. Es decir, dentro del mismo contrato inteligente, no hay diferencia entre un *token* y otro. Es aquí donde yace el concepto de fungibilidad. La fungibilidad implica que, por ejemplo, una moneda de un dólar es igual a cualquier otra moneda de un dólar, ya que ambas tienen el mismo poder adquisitivo.

A diferencia de los ERC20, que crean un *total supply* específico de un número finito de tokens intercambiables, los contratos ERC721 permiten también crear un *total supply* específico, pero de tokens diferentes. De esta manera, los tokens que emergen del contrato ERC721, o directamente por abuso de lenguaje, los *tokens* ERC721, representan ítems únicos en el mundo digital; de ahí su nombre de *tokens* no fungibles. Los *tokens* ERC721 o NFTs, equivalen, por ejemplo,

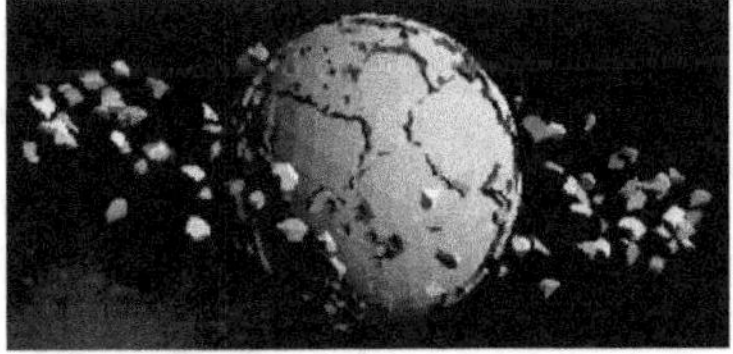
a un solo cuadro en el mundo entero, realizado por un pintor de renombre, o una obra de arte original, realizada por el artista de moda.

Este es un ejemplo de NFT. Les presento a mi planeta, llamado 352993, ¡único en 0xUniverse! ¿No es lindo?

Criptogatos

Uno de los *tokens* no fungibles más populares creados en la red Ethereum, pero también más polémicos, fueron los **criptogatos** o *cryptokitties*. Cada usuario podía cruzar sus criptogatos y generar otros criptogatos con nuevos atributos, o *cat-tributes*, como el color de los ojos, la forma de la boca, el color de la piel, ... generando así nuevos criptogatos que podían ser aún más valorados debido a su singularidad o rareza. De esta manera, el incentivo de los usuarios para intercambiar sus criptogatos, para luego cruzarlos y procrear, era grande porque cuanto más único era un criptogato, mayor era también la probabilidad de engendrar un nuevo criptogato aún más raro que sus padres, y por lo tanto de mayor valor. La idea por tras es un tanto parecida al funcionamiento de nuestro propio sistema genético.

Este criptogato se llama Dragon y fue quien más valor tuvo en el mercado. Un usuario desconocido incluso llegó a pagar 600 ETH por él, alrededor de 170 000 dólares en aquel año de 2018. Hoy en día su precio continúa en 600 ETH, lo que asciende a unos 220 000 dólares.

Ethereum 2.0

El juego de los criptogatos fue masivo, capturando alrededor de 1.5 millones de usuarios en todo el mundo. Dada esta cantidad inesperada de participantes, el juego sirvió para testar la capacidad de la red de Ethereum para realizar transacciones a través de contratos inteligentes. No obstante, el resultado fue un completo fracaso. La receptividad por jugar fue tan grande que el *mempool* de las transacciones de la red de Ethereum se saturó, lo que provocó un aumento radical del costo de las transacciones. El castigo del mercado fue grande, provocando que el precio de Ethereum cayera más de un 90% como consecuencia. El mercado había dado su veredicto: de la forma en que fue construido, Ethereum no era una plataforma adecuada para soportar el futuro de las aplicaciones descentralizadas.

Sin embargo, la comunidad Ethereum no se rindió. Era necesario bajar el costo de las tasas de transición y para eso no había otra opción: utilizar un sistema de *blockchain* diferente del *Proof of Work*. La nueva propuesta, la cual está programada para su lanzamiento a partir del segundo semestre de 2020, utilizará otro sistema llamado *Proof of Stake*, con el que se espera que las transacciones se vuelvan más económicas. La continuidad de Ethereum y su gran potencial depende del éxito de su nueva versión: **Ethereum 2.0**.

Proof of stake (PoS)

El **proof of stake** (**PoS**), o prueba de participación, es un tipo de algoritmo de consenso distribuido de *blockchain* que no necesita mineros. En el algoritmo PoS, los creadores de cada bloque se eligen al azar entre el *pool* de nodos que tengan un porcentaje de criptomonedas específicas almacenadas; el llamado **stake**, el cual, especificamente para Ethereum, será de múltiplos de 32 ETH. Esa probabilidad de ser escogido será mayor cuanto mayor sea esa participación. El nodo elegido, llamado validador, verifica las transacciones y cierra el bloque, recibiendo su recompensa por ello. En cambio, si el nodo seleccionado no está conectado o no está activo, este será castigado por no estar validando bloques, perdiendo parte de su *stake*. En este sentido es como si ese nodo estuviera ausente de su trabajo.

El algoritmo PoS ofrece la ventaja de ser más eficiente energeticamente y, por lo tanto, mucho más rápido, escalable y más económico en el costo de las transacciones, en comparación con el algoritmo PoW. Sin embargo, como ya hemos estudiado en el trilema de la *blockchain*, la desventaja es que probablemente esa *blockchain* basada en PoS se vuelva menos segura.

No sabemos si con este cambio Ethereum 2.0 será un éxito o no. Lo único que parece claro es que no tiene otra salida.

FINANZAS

DESCENTRALIZADAS

Finanzas descentralizadas (DeFi)

El entorno programable de Ethereum le permite servir de base para la construcción de protocolos descentralizados, siendo el llamado **DeFi** (*Decentralized Finance*) uno de los más populares e interesantes. Los protocolos DeFi se caracterizan por utilizar contratos inteligentes que actúan como intermediarios entre el usuario (sus *tokens*) y la plataforma específica que ofrece el servicio financiero; servicios como prestar o pedir prestados *tokens*. Este contrato inteligente lo firma el usuario, a través de sus llaves privadas, que tiene el poder de cancelarlo en cualquier momento. De esta forma, es el contrato inteligente controlado por el usuario, y no la plataforma, quien tiene la custodia de los *tokens*.

La idea por tras de los protocolos DeFi es, nuevamente, matematizar la confianza. Gracias a estos protocolos, los usuarios pueden realizar sus intercambios voluntarios sin necesidad de terceros, es decir, sin necesidad de custodios, de *exchanges*, de aseguradoras, asesores financieros y, sobre todo, sin necesidad de sucursales bancarias.

La eliminación de los intermediarios no es un acontecimiento repentino, sino un proceso de auto-organización de la economía, en su incansable búsqueda por hacerse más eficiente. Antes de continuar, es interesante abrir un pequeño paréntesis para comprender este proceso natural de auto-organización y los tristes, pero necesarios *trade-offs*, que, como ya fue estudiado en el capítulo I, se sacrifican en el proceso de mejora.

Desde la Web 1.0 hasta la Web 3.0

Entendamos cómo la economía fue tornándose cada vez más eficiente, especialmente desde la creación de internet. La primera ola fue la llamada Web 1.0. La Web 1.0 llegó con el comienzo de internet, trayendo páginas y servicios web estáticos como Hotmail, Netscape, Napster, Myspace, Altavista o Yahoo. La Web 1.0 acabó con los periódicos impresos en papel, con las enciclopedias, con el envío de cartas, con los videoclubs, con las tiendas de CDs de música, con muchas discográficas y con muchos turoperadores.

La Web 2.0 nos trajo muchísimas páginas web y aplicaciones interactivas como Facebook, Twitter, WhatsApp, YouTube, Netflix, Amazon o Uber. La Web 2.0 todavía está revolucionando las comunicaciones y los transportes. En concreto, a través de las aplicaciones de viajes compartidos, la Web 2.0 está amenazando la continuidad del negocio de los taxis y de las compañías de autobuses, y probablemente terminará con las cadenas de televisión analógicas y con los operadores de telefonía.

El último paso en esta evolución es la economía 3.0, la cual usa como base la web descentralizada o Web 3.0. La Web 3.0 transformará los servicios de abogacía y acabará con los notarios, con los bancos y tal vez incluso con los gobiernos si estos no se vuelven más eficientes.

Así, de esta manera, en un proceso inevitable, nos guste o no, la fuerza natural del libre mercado eliminará a los intermediarios, pues estos se han vuelto innecesarios. ¿Y por qué? Porque los obstáculos interpuestos por estos se han tornado demasiado pesados, lo que dificulta los intercambios voluntarios entre individuos.

Las finanzas descentralizadas representan una gran amenaza para el sistema financiero actual, que no se renueva desde la revolución industrial. Muchos sectores se convertirán en los *trade-offs* de la economía 3.0 y reaccionarán contra esta amenaza. Pero será en vano. Como ya hemos explicado, en su búsqueda por una mayor eficiencia, la Naturaleza es categórica y perseverante, y si se le ponen barreras, es cuestión de tiempo que ella misma busque otra vía de escape en su incansable objetivo de eliminar sectores ineficientes. De nada sirve luchar contra la Naturaleza en su poder de, específicamente, auto-organizar la economía. Un terremoto, una inundación, una avalancha o un tsunami son poderes indomables, infinitamente más fuertes que los individuos. Por tanto, en lugar de ir en contra de la Naturaleza, lo único que resta es aceptar el cambio y prepararse para recibirlo.

Cerramos aquí este pequeño paréntesis y seguimos conociendo las innumerables posibilidades que ofrece la financiación descentralizada. ¡Continuemos entonces con esa preparación!

Pools de liquidez

Una de las ideas más brillantes en el entorno de tokenización dentro del marco de los contratos inteligentes en Ethereum fue incentivar a los detentores de tokens a crear, a través de ellos, los llamados **pools de liquidez**. Los *pools* de liquidez como **Uniswap**, **Curve** o **Kyber Network** son como un grande mercado donde los usuarios pueden, en cualquier momento e instantáneamente, intercambiar (*swap*) sus *tokens*.

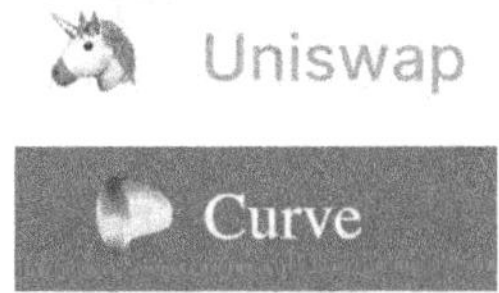

Para participar en un pool de liquidez es necesario algún tipo de incentivo, pues de lo contrario, sin incentivos, los tenedores de *tokens* no moverian estos de sus carteras. Para participar el titular debe enviar al *pool* (para ser más exactos, depositar en el contrato inteligente del *pool*) un par de *tokens* en la misma proporción. Por ejemplo, 1 ETH y 400 DAI, ya que este es aproximadamente el precio actual de ETH en dólares. De este modo, el titular, ahora prestamista y proveedor de liquidez (**liquidity provider**), recibe una cantidad de *pool tokens* relativa a su participación en el *pool*. Eses *pool tokens* representan el certificado del préstamo al *pool* de liquidez, quien actuaría como prestatario. Lo interesante de eses *pool tokens* es que cualquier intercambio que realicen otros usuarios dentro de ese *pool* será tasada con una pequeña comisión, alrededor del 0.3% del valor del intercambio, la cual podrá ser reclamada por sus tenedores futuramente. De esta manera, en cualquier momento, el prestamista puede rescindir el trato entregando sus *pool tokens* al contrato inteligente, el cual los destruye y envía a éste el par de *tokens* original además de las ganancias proporcionales por haber contribuido al *pool*.

Convertirse en un proveedor de liquidez es por tanto una buena estrategia, ya que el contribuyente es recompensado con una comisión o incluso con algún *token* propio de la plataforma. Esta segunda posibilidad, o las dos conjuntamente, son cada vez más usadas por los *pools* para así incentivar más todavía la participación. Este incentivo extra es a veces fundamental para dar a luz a un *pool* y dejarlo en funcionamiento de manera automática (*pool bootstrapping*). Ya que, del punto de vista del usuario, tal participación equivale a plantar una semilla y recoger posteriormente la cosecha, es decir, los rendimientos de esta en forma de ese *token* propio, este tipo de estrategia ha sido denominada con o meme de **Yield Farming**.

Desde el punto de vista del *pool*, el *Yield Farming* es también una manera de crecer, darse a conocer e incluso abrirse a la descentralización, pues habitualmente los desenvolvedores acaban relegando gran parte de las decisiones en favor de los tenedores de estos *tokens* propios, los cuales pasan a votar por tales decisiones en su lugar. Es por eso que frecuentemente eses *tokens* propios acaban tornándose *tokens* de gobernanza.

Participar en un *pool* y ganar comisiones, e incluso *tokens* de gobernanza es sin duda un gran incentivo. Sin embargo, el usuario debe proceder con cautela para tener una mínima exposición a la llamada pérdida transitoria o **impermanent loss**, pues, debido a los intercambios realizados por los usuarios, la cantidad relativa de *tokens* dentro del *pool* oscilará a lo largo del tiempo. De esta manera, puede ocurrir que, al retirarse del *pool*, el contribuyente acabe con un par de *tokens* en proporción diferente de la cual entró, pasando así de una pérdida transitoria, o potencial, a una pérdida permanente o irreversible.

Algunos *pool* de liquidez como Curve minimizan el riesgo de pérdida transitoria al sugerir ofrecer liquidez para *pools* de *tokens* similares (por ejemplo, *pools* de diferentes monedas estables o de diferentes Bitcoin tokenizados). Ese riesgo es, sin embargo, mayor para otros *pools* como Uniswap. No obstante, probablemente por eso, el mismo protocolo de Uniswap lanzará próximamente su versión 3, para la cual el proveedor de liquidez escogerá el intervalo máximo de exposición al cambio relativo de un *token* frente al otro.

La idea de contribuir al *pool* en diferentes bandas relativas de precio y que cada contribuyente escoja su propia estrategia de participación en función del riesgo a tal pérdida transitoria es muy original. Ya que se estima que esas participaciones acaben agrupándose alrededor de una estrategia óptima, generando así una liquidez concentrada, tal innovación podría incluso disminuir el efecto del llamado **deslizamiento** o *slippage*, que sería la diferencia, en porcentaje, entre el precio negociado por el *token* y el precio final, el cual puede ser bastante acusado, sobre todo cuando las cantidades a negociar son grandes.

Todo parecen ventajas con este nuevo método. Sin embargo, el *trade-off* de esa nueva versión es que el *pool* no emitirá más *pool tokens*, los cuales eran iguales para todos los contribuyentes y, por tanto, fácilmente intercambiables. Si esta innovación tiene éxito, los proveedores de liquidez tendrán *liquidity-pool-NFTs*, o **LP-NFTs**, en vez de *pool tokens* fungibles, y cada uno de estos *LP-NFTs* representará una estrategia particular de provisión de liquidez. En cualquier caso, como habitualmente ocurre en muchos protocolos de DeFi, versiones nuevas suelen complementar y no suplementar a las anteriores y, por tanto, versiones antiguas continuan siendo usadas.

Préstamos descentralizados

Existen varios *pool* de liquidez que también actúan como **plataformas de préstamos** (Compound, Aave, dY/dX, DDEX, ...). Como el funcionamiento es similar, describiremos solo el primero. **Compound** es un protocolo comercial dentro del entorno de Ethereum que permite a los usuarios prestar o pedir prestados sus *tokens* siempre que el usuario ofrezca algún otro *token* como garantía.

Por un lado, el usuario puede utilizar la plataforma Compound para participar con sus *tokens* en el *pool* de 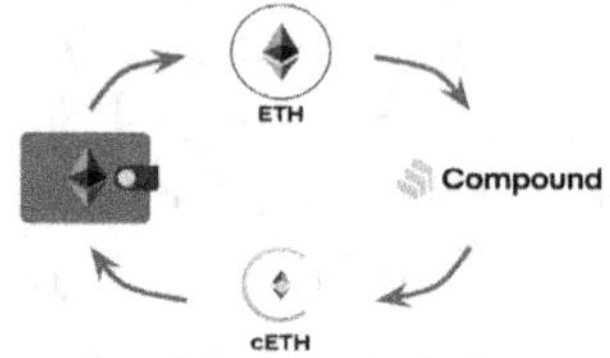préstamos. Al aceptar, el usuario recibe un *token* característico de la plataforma, cuyo nombre dependerá del *token* que fue enviado. Para tener una idea, si el usuario envió ETH al *pool*, el protocolo devolverá un *token* llamado cETH. Este *token* de Compound se valorizará con el tiempo de la misma manera como fue explicado anteriormente con los *pools* de liquidez.

Los usuarios también pueden utilizar la plataforma Compound para solicitar préstamos como si fueran un banco. La diferencia está en que en un banco el usuario necesita un aval o alguna garantía, como por ejemplo su contrato de trabajo, mientras que en la plataforma Compound la garantía es entregar *tokens* por un valor del 150% del préstamo solicitado con el fin así de disminuir el riesgo de incumplimiento. 

Casas de cambio descentralizadas (DEXes)

La liquidez del *pool* no solo torna a los usuarios partes activas del ecosistema de tokenización, en lugar de partes pasivas, sino que también asegura que el intercambio de *tokens* dentro de este ecosistema sea rápido, efectivo, seguro y descentralizado. De hecho, uno de los mayores temores por parte de los usuarios al hacer intercambios es que no haya liquidez de un determinado ítem, pues si un producto es escaso en el *pool,* el usuario puede ser reacio a comprarlo por miedo a no ser capaz de cambiarlo de vuelta en el futuro.

La innovación introducida por los *pools* de liquidez va incluso más allá, porque a través de ellos, plataformas ordinarias de intercambio de *tokens,* que eran previamente centralizadas, podrán abrirse a la descentralización. Este paso hacia una mayor descentralización es necesario, ya que no tiene sentido abandonar un sistema centralizado como es el bancario para terminar en otro sistema centralizado como son hoy en día las casas de cambio de criptomonedas. Como sabemos, los sistemas centralizados son muy susceptibles a fallos sistémicos. Uno de estos fue, de hecho, el famoso hackeo de la *exchange* japonesa MtGox en 2014, prácticamente la única en aquel momento, el cual llevó a sus clientes a perder todos sus bitcoins retenidos en la plataforma.

Gracias entonces a los *pool* de liquidez, se pueden construir las llamadas **casas de cambio descentralizadas** o *decentralized exchanges* (**DEXes**), las cuales surgen para evitar problemas como el que sucedió con MtGox. La interacción del usuario con una DEX se realiza a través de contratos inteligentes, los cuales eliminan todos los intermediarios involucrados en el intercambio de tokens. O dicho de otro modo, una DEX no guarda sobre custodia los tokens de los usuarios.

Agentes automáticos de mercado

Algunos protocolos de DeFi, dY/dX por ejemplo, consiguieron convertirse en DEX evitando la custodia de los tokens y automatizando el algoritmo tradicional de **libro de órdenes** o *order book*, que es como funciona cualquier casa de cambio centralizada. Sin embargo, la mayoría de las DEXes en DeFi, y particularmente también los *pool* de liquidez, se decantaron por implementar un algoritmo denominado AMM (*Automated Market Maker*), mediante el cual el precio es formado por **agentes automáticos de mercado**.

Dentro del algoritmo AMM existen, a su vez, varias posibilidades. Una de las opciones tradicionales se conoce como "Agente de Mercado de Función Constante". Por ejemplo, si un usuario utiliza el *pool* para cambiar su *token* A por otro B, entonces el algoritmo detecta un aumento en el *pool* de la oferta de A y una disminución en la oferta de B y, automáticamente, en consecuencia, eleva el precio de B de manera relativa al precio de A, ya que el primero se volvió más escaso en relación al segundo.

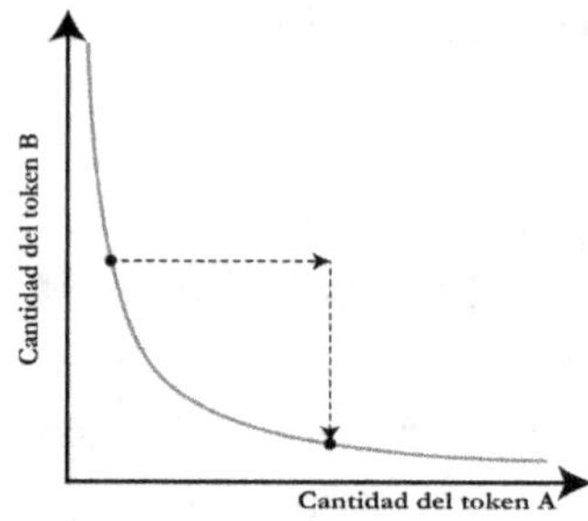

En los algoritmos de Agentes de Mercado de Función Constante, utilizados en las casas de cambio descentralizadas, el valor de un *token* A, en relación con otro B, está vinculado a la cantidad del *token* A relativa al *token* B. Cuando se intercambia un token por otro, el propio algoritmo determina automáticamente este precio de acuerdo con las cantidades relativas de cada *token*.

Lo importante de este tipo de mecanismo de función constante (Cantidad de A * Cantidad de B = constante) es que, como la función no corta ningún eje, la liquidez está teóricamente garantizada.

Como vemos, una DEX funciona de forma sencilla, razonable y automática, sin necesidad de intermediarios.

También de forma abierta, ya que el código fuente de cualquier plataforma DEX está habitualmente disponible en Github para quienes quieran revisarlo.

Tokens sintéticos

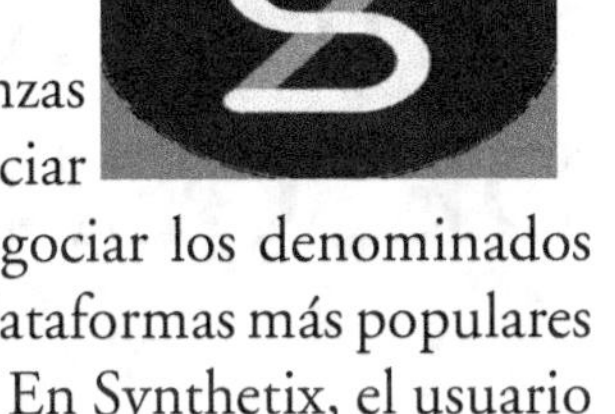

Otra opción dentro de las finanzas descentralizadas, en lugar de negociar activos dentro de una DEX, sería negociar los denominados derivados de esos activos. Una de las plataformas más populares para negociar derivados es **Synthetix**. En Synthetix, el usuario puede comprar y negociar los llamados **tokens sintéticos**, que, a través de oráculos, están vinculados al valor del *token*, o del activo físico, en el mundo real.

Los *tokens* sintéticos en el mundo virtual son equivalentes a los derivados tradicionales en el mundo físico de las finanzas. Entendamos mejor con un ejemplo. Supongamos que a un usuario le gustaría tener Bitcoin, pero no desea pasar por el sofoco de tener que efectuar el KYC para abrirse una cuenta en una *exchange*, ni tampoco desea preocuparse por la custodia de las llaves privadas. En ese caso, una buena opción para él es comprar un derivado, o en el mundo tokenizado, un Bitcoin sintético. De esta manera, el usuario cambia su criptomoneda o su *token* inicial, por ejemplo ETH, por bitcoins sintéticos. La plataforma Synthetix en realidad acuña esos bitcoins sintéticos, llamados de sBTC.

Plataformas como Synthetix abren la posibilidad de tokenizar muchos activos físicos. De hecho, desde su última actualización, en marzo de 2020, se pueden adquirir derivados de índices bursátiles o de *commodities* como el oro.

Otras plataformas descentralizadas permiten también negociar otro tipo de derivados financieros como opciones (Opium), futuros (Futureswap) o incluso apuestas generales (Augur, Polymarket) o realizar predicciones (Erasure).

APLICATIVOS DESCENTRALIZADOS (DAPPS)

Tribunal descentralizado

La tendencia de la economía es hacia una cada vez mayor descentralización. Todas las transacciones serán automáticas, pero como en el fondo son las personas, y no las máquinas, las que realizan transacciones, según sus necesidades y deseos, ¿qué pasaría si un contrato inteligente no satisface a las partes firmantes?

Por ejemplo, ¿qué pasaría si, supongamos, una futura Amazon descentralizada no entregara al cliente los productos con la calidad anunciada? ¿O  cómo proceder si un usuario de un supuesto Airbnb descentralizado se quejase de que el apartamento alquilado no coincide con el que se mostraba en las fotos? Aquí es donde entra **Kleros**.

Kleros es un **tribunal descentralizado** que surge con la

intención de arbitrar las disputas que puedan ocurrir entre quienes ofertan y quienes demandan. Para resolver tales conflictos Kleros utiliza un sistema *crowdsource* de jueces. Mientras el contrato inteligente firmado por ofertante y demandante, bajo la tutela de Kleros, es bloqueado a petición de este último, el jurado considera las pruebas y decide sobre la disputa. El sistema de incentivos para resolver el litigio es tal que el juez que intenta dar su veredicto contra las evidencias pierde reputación en forma de *tokens*. Una vez resuelto el conflicto, la cláusula del contrato inteligente se acciona y los *tokens* presos se liberan para el ofertante del producto o servicio, o son devueltos al demandante si fuera el caso.

Arte digital programable

¿Alguna vez has pensado en un marco de pared cuya pintura cambiase en función de la hora del día? ¿O un fondo de pantalla en el escritorio de su ordenador que cambiara dependiendo de las buenas o malas noticias en los periódicos?

Dentro del mundo de los *tokens* no fungibles, los tokens de **arte digital programable** son sin duda uno de los más emocionantes. Como si fueran piezas de arte tradicional, por las cuales los coleccionistas pagarían grandes cantidades de dinero por ser realizados por artistas únicos, los *tokens* de arte digital también están hechos por artistas, solo que digitales, y cuyo propietario también es único en el

mundo entero.

Los *tokens* de arte digital están hechos de capas, que se activan en función de las características establecidas en el contrato inteligente del *token*. Estas funcionalidades pueden ser internas o externas, en caso de que necesiten ser alimentadas desde el mundo exterior a través de oráculos.

Como hemos visto, los *tokens* de arte digital son *tokens* NFT y por tanto no se pueden canjear en *pools* o DEXes. Para ello deben utilizarse plataformas alternativas como Superrare, Async.art u Opensea.

Decentraland

Cynthia ✔

¡El fin de semana está aquí! Pero el tiempo afuera es horrible. No es buena idea salir de casa. ¿Qué hacer entonces? ¡Una opción alternativa y diferente sería ponernos las gafas de realidad virtual y dar un paseo por Decentraland!

Decentraland es un mundo virtual, creado por DecentralandDAO, donde cada usuario puede configurar su propio avatar, con su propia identificación, e incluso comprar un terreno virtual para construir literalmente cualquier cosa. La imaginación es el límite. En Decentraland podemos, por ejemplo, pasear por paisajes de fantasía, o ir de tiendas, o ver una sesión de cine, o participar en una reunión de trabajo con otros avatares, o incluso entrar en un museo y comprar la pieza de arte digital que estábamos buscando.

Una loteria sin perdedores

La vida no es fácil. Incluso comprar un terreno en Decentraland se volvió demasiado caro. Bueno, siempre podemos jugar a la lotería y esperar ganar. Las finanzas descentralizadas ofrecen de hecho una opción aún mejor. ¿Qué tal jugar a la lotería todas las semanas sin perder el dinero invertido?

PoolTogether es un dapp que ofrece un servicio de *no-loss lottery*. Para ello, el usuario solo necesita comprar sus boletos con DAI y esperar hasta el viernes para ver si se ha convertido en el ganador. El premio se construye juntando los DAIs de todos los participantes, que luego son depositados en la plataforma Compound, dentro da la cual esos DAIs van generando intereses durante toda la semana; intereres con los que se paga al ganador.

PoolTogether es otra de las grandes ideas del mundo DeFi. ¡En su última actualización incluso se pueden hacer porras!

Componibilidad

Es interesante notar cómo las dapps se superponen dentro del ecosistema Ethcrum como si fueran las piezas de un juego de lego. Este efecto es lo que se conoce como **Componibilidad** (*Composability*) o composición modular.

Por ejemplo, caminando por Decentraland, un usuario

puede encontrar una casa de apuestas, donde, a través de la plataforma Augur, puede apostar quién ganará la próxima Copa Libertadores. El resultado del juego será confirmado por oráculos a través de protocolos como, por ejemplo, Chainlink, y si gana, el usuario recibirá su recompensa en DAIs, creados a través del protocolo Maker, para lo cual alguien tuvo que depositar Ether como garantía, los cuales fueron creados a través de la *blockchain* de Ethereum.

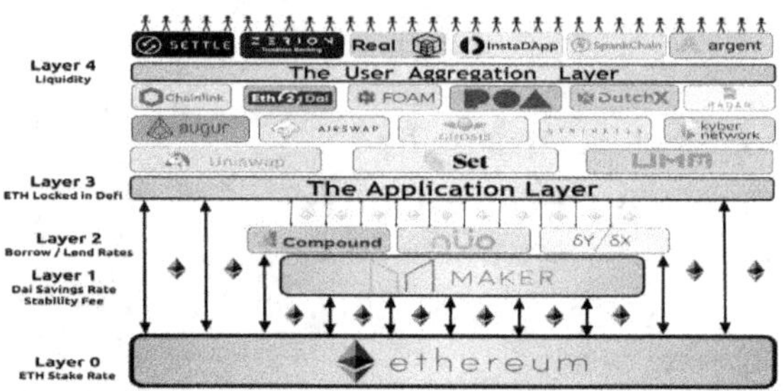

Fuente: "Ethereum: The Digital Finance Stack" David Hoffman

El potencial de estas composiciones modulares son las que hacen de Ethereum la base de lo que puede ser el futuro mundial de las finanzas descentralizadas.

Pensión descentralizada

La idea es bastante nueva y todavía funciona en la versión alfa, pero, en línea con PoolTogether, se ha desarrollado un protocolo llamado Pensify, creado por Akropolis, que ofrece a los usuarios la posibilidad de que estos puedan comenzar a construir su propio **plan de pensiones descentralizado**.

La idea es que el usuario interesado deposite DAIs a su antojo, que se invertirán en Sparta, el protocolo de préstamos propio de Akropolis, o en alguno similar, de forma que este capital invertido vaya generando intereses a lo largo de la vida laboral del usuario.

Al contrario de lo que pueda parecer, el riesgo de tener una jubilación descentralizada es bastante menor que los actuales fondos de pensiones privados. De hecho, estos fondos de pensiones se enfrentan al grande peligro de no devolver las pensiones a sus clientes cuando estos las necesiten porque las ganancias tanto en el mercado de renta variable, la bolsa de valores, como en el mercado de renta fija, los títulos de deuda, son cada vez más limitados, lo que está llevando a estos fondos a asumir mayores riesgos. Por desgracia, los fondos de pensiones actuales se convirtieron en un reloj bomba que puede activarse cualquier día, más aún dentro del actual ambiente de crisis económica en el que vivimos.

Participación y colaboración. Bounties

A muchos escépticos les puede resultar una locura dejar los ahorros de toda su vida bajo el control de dapps, es decir, sin la supervisión de su agente bancario o asesor financiero. ¿Existe tal riesgo?

Cuando un pequeño grupo de desarrolladores tiene la idea de crear una dapp específica para atender un nicho de mercado particular, pueden solicitar la ayuda de nuevos desarrolladores o incluso de DAOs especializadas. Además de eso, cuando el código fuente se completa, es habitual hacerlo público y lanzar una campaña de recompensas (**bounties**) para aquellos que consigan detectar errores dentro del mismo.

Esta nueva forma de interacción económica, en la esencia de la economía 3.0, considera fundamental la participación y colaboración entre los individuos. De hecho, esta novedosa manera de interactuar impulsó numerosas plataformas (**Gitcoin, Bounties.network**) donde demandantes de servicios y ofertantes se encuentra y forman acuerdos, contratos inteligentes en un futuro próximo, que brindan la confianza que las partes necesitan para negociar. Un nuevo ecosistema de *freelancers*, especialistas en asuntos específicos, ha surgido a la caza de recompensas a cambio de trabajos temporales, pero que ofrecen la posibilidad de tener una agenda libre y flexible.

Seguradoras

Incluso si el usuario desconfía de ciertas dapps, el propio mercado, atendiendo a las necesidades de los consumidores, ya ha creado una solución.

La **Nexus Mutual** es una plataforma abierta donde los miembros proporcionan liquidez (en ETH) a un *pool* compartido con el fin de mutualizar el riesgo de los clientes que soliciten cobertura, asegurándolos ante cualquier fallo. A cambio, los miembros obtienen NXM, un *token* nativo de la plataforma. El protocolo Nexus Mutual evalúa el riesgo del contrato inteligente, que el interesado firmará con otra plataforma, y cobra una determinada cantidad en función de ese riesgo. Dentro de esa evaluación, la plataforma estudia si el contrato inteligente es de código abierto o no, si ya ha sido auditado o si tiene un programa de recompensas para encontrar errores en el código fuente.

En la misma forma que PoolTogether u otros *pools* de liquidez, el dinero almacenado en el *pool* de Nexus se invierte en otras plataformas financieras tal como Compound para ganar intereses. Las ganancias del *pool* se utilizan después para cubrir a los asegurados cuando el *smart contract cover* que estos firmaron con Nexus se acciona.

Educação descentralizada (DeEd)

Como ya fue introducido en la tokenización, las finanzas descentralizadas no solo alcanzan el intercambio de bienes, sino también el intercambio de servicios. Otro claro ejemplo de eso son los protocolos de **educación descentralizada** o *decentralized education* (DeEd).

DeEd es, de hecho, el nombre de una plataforma de educación descentralizada que permite a cualquier usuario crear una universidad. Para eso, el creador oferta cursos y los estudiantes interesados los eligen, a cambio de depositar una cierta cantidad de DAI, los cuales son enviados a algún *pool* para generar intereses. Durante el curso, el alumno deberá realizar exámenes para evaluar sus conocimientos. Los estudiantes que suspenden definitivamente no recibirán de vuelta los DAIs que depositaron, y al contrario, los estudiantes que aprueban son premiados recibiendo descuentos, o participando en los intereses sobre el capital invertido, o incluso son evaluados con la posibilidad de llegar a ser propiamente futuros profesores. Por otro lado, los docentes son los encargados de crear contenidos y evaluar a los estudiantes, recibiendo una parte del interés que generan los depósitos de los estudiantes.

Redes sociales descentralizadas

Las plataformas centralizadas, con dueños, como Facebook o Twitter, utilizan toda la información de los usuarios y la información de sus publicaciones para su propio beneficio. Esta información, como ya ha sucedido con Facebook, puede venderse a empresas que la utilizan con fines comerciales o políticos. Este es, una vez más, el problema de la centralización, en este caso, en el contexto de la Web 2.0.

No obstante, la Web 3.0, nuevamente, resuelve problemas como este. Por ejemplo, la **red social descentralizada Peepeth** usa contratos inteligentes para almacenar todos los datos del usuario y todos sus píos o *peeps* (el equivalente a los *tweets*) en un sistema de almacenamiento descentralizado (el sistema IPFS) dentro de la *blockchain* de Ethereum. De esta forma, solo el usuario es el único y exclusivo detentor de sus propios datos.

Otra ventaja de las redes como Peepeth es que gracias a la descentralización, ni la red ni las publicaciones pueden ser sometidas a censura por parte de entidades centrales. Solo los propios usuarios, con futuros sistemas de votación (aún no implementados en Peepeth), serán los que decidan las reglas de contenido.

Carteras de tokens

Compound, Uniswap, PoolTogether, Maker, ... ¡qué lío! Sí, es mucha información y muy dispersa.

Pero hay una forma de tener toda esta información agrupada, permitiendo un acceso fácil y rápido sin tener que ir a las páginas web de 

estas aplicaciones una a una. Para ello, una posibilidad es instalar una **cartera de tokens** o cartera web3. Existen varias posibilidades, pero probablemente la más conocida y popular sea **Metamask**. Metamask es una billetera que se puede descargar e instalar en su teléfono móvil o en su ordenador usando una extensión en su navegador de internet habitual.

Como sabemos, una cartera es una interfaz entre el usuario y la *blockchain*, en este caso de Ethereum, que permite, además de comprobar el saldo de *tokens* (*tokens* fungibles y también no fungibles), transferir estes *tokens* para otro usuario o recibirlos de un tercero. Como ya advertimos en varias ocasiones, no se olvide gestionar adecuadamente sus llaves privadas.

Carteras y paneles de controle de DeFi

Otra opción recomendada es instalar una **cartera** específica para **DeFi**. También hay muchas opciones, pero quizás **Argent** y **Dharma** sean las más utilizadas hoy en día en el móvil. 

En cuanto al ordenador, cada vez está siendo más habitual utilizar los llamados **paneles de control** o *dashboards*, a través de los cuales el usuario tiene acceso a todas sus inversiones en

Defi. Hay muchas opciones, pero plataformas como **Zapper**, **Defisaver** o **InstaDapp** son excelentes para eso.

Otro aspecto interesante es que, en el caso de la cartera de Argent, incorpora un sistema de ENS de forma que el usuario puede asociar un nombre común, tal como su propio nombre, a su dirección de cartera. De esta forma, el usuario tendrá una dirección de *tokens* familiar y fácil de recordar.

Protocolos privados dentro de blockchains públicas

Como vemos, la capacidad de la red de Ethereum para crear un entorno descentralizado está provocando una revolución al nivel

de usuario. Sin embargo, gracias a la implementación del protocolo **Baseline**, la revolución puede ser aún mayor, llegando al nivel de las empresas.

Uno de los grandes problemas a los que se enfrentan las empresas hoy en día es, de hecho, el gran gasto que supone utilizar sistemas de gestión integrada como ERP (*Enterprise Resource Planning*) y CRM (*Customer Relationship Manager*), y la enorme pérdida de tiempo que supone tener que lidiar con ellos. Para entender esto, basta pensar en la cantidad de dinero que ciertas empresas, generalmente aquellas con capital público, tienen que gastar en contratar auditorías para mostrar a los clientes una contabilidad confiable.

Para reducir esta gran fricción, se ha creado recientemente el protocolo Baseline, el cual permite a las empresas privadas utilizar la *blockchain* pública de Ethereum. La idea por tras de este protocolo es almacenar todas las transacciones de los clientes de la empresa (por ejemplo, todos los recibos) en la *blockchain* de Ethereum y utilizar una capa de privacidad intermedia, cuya información solo sea accesible por la empresa particular. Por tanto, además de que la empresa tenga todos sus datos almacenados en un lugar seguro, estarían, digamos, en una red estándar, la red Ethereum, a través de la cual otras empresas podrán comunicarse e intercambiar datos, creando así un entorno de comunicación corporativa universal.

Recientemente, inclusive, fue anunciado que se utilizará el mismo protocolo Baseline para conectar plataformas diferentes, pero con funcionalidad similar, como Microsoft Office y Google Suite.

PRESENTE Y FUTURO DEL DINERO PROGRAMABLE

¿Finanzas descentralizadas o finanzas abiertas?

Como vimos en la sección anterior, las posibilidades que la descentralización y el dinero programable ofrecen al mercado son infinitas. La capitalización en DeFi no para realmente de crecer. Sin embargo, esta progresión no es línea recta, sino repleta de altibajos. El mercado se auto-organiza por sí mismo y en este proceso innova, comete errores y aprende de los errores. Esto también ocurrió en el mundo DeFi cuando, tras disparar en número de usuarios y en capitalización durante 2019, algunas de sus dapps acabaron siendo pirateadas a principios de 2020, aprovechando vulnerabilidades específicas asociadas a oráculos o a los nuevos estándares ERC, que fueron poco verificados.

En algunos de estos casos, el funcionamiento del protocolo fue interrumpido por los desarrolladores de estas dapps utilizando la llamada llave de administrador o *admin key*. Este detalle, aunque siempre estuvo público en el código fuente, y a pesar de que salvó a los usuarios de pérdidas mayores, no dejó buenas sensaciones en la comunidad. ¿Cómo es que unas finanzas, que se hacen llamar descentralizadas, son en el fondo centralizadas, estando bajo el control total de un administrador?

Desafortunadamente, el futuro de DeFi se enfrenta a una dicotomía, análoga al problema de los oráculos: crear dapps completamente descentralizadas, pero no tan seguras (**Decentralized Finance** o DeFi) o crear dapps completamente seguras, pero no tan descentralizadas (**Open Finance** u OpFi). El debate está abierto, pero en última instancia será el mercado quien elija el mejor camino. Los dos caminos, a gusto del consumidor, puede ser incluso lo más probable.

¿Bitcoin o Ether?

Después de haber entendido Bitcoin y Ethereum, cabe la pregunta: ¿cuál es entonces mejor? La respuesta, sin embargo, no tiene mucho sentido, ya que los dos tienen propiedades y usos diferentes.

Revisando los conceptos sobre el significado del dinero, estudiados en el capítulo II, vemos que tanto Bitcoin como Ether satisfacen los requisitos de ser duraderos, fungibles, tener valor intrínseco, ser divisibles y ser escasos. Sin embargo, en esta última pregunta encontramos algunas diferencias. Como hemos visto, gracias a los *halvings*, la creación de Bitcoin está disminuyendo con el tiempo y cuando todos sean minados, allá por mayo del año 2140, la emisión habrá acabado para siempre. A partir de ese momento se estima que la cantidad de Bitcoin circulante irá disminuyendo con el tiempo, ya que algunos de ellos acabarán perdiéndose permanentemente debido a:

1. Pérdida de llaves privadas.

2. Fallecimiento de los propietarios de Bitcoin, que no transmitieron su herencia.

3. Envíos a carteras "muertas".

Eso representará una disminución en la oferta de Bitcoin, lo que sería bueno para los titulares. Sin embargo, llegado ese momento, si no hay más creación de Bitcoin, los mineros no tendrán ningún incentivo para minar. Siendo así, solo se mantendrían a través de tasas de transacción. Estas tasas podrían entonces terminar siendo muy altas, pues de lo contrario los mineros no verían beneficio y terminarían abandonando, lo que a su vez disminuiría la seguridad de la red. Es difícil predecir si Bitcoin sobrevivirá en estas condiciones. El mercado volverá a ser quien decida.

La política de emisión de Ether no sigue sin embargo las mismas reglas que las de Bitcoin. Es cierto que, debido a sus actualizaciones, su emisión también es cada vez menor con el tiempo, y lo será aún más cuando Ethereum cambie a la versión 2.0 e implemente la EIP1559, pues gracias a esta el gas pagado por realizar las transacciones será destruido, y dado el cada vez mayor número de transacciones, se estima que la cantidad de Ether destruida será mayor que la emitida. Sin embargo, no está previsto en el código fuente una interrupción total de su emisión.

En cualquier caso, esta especulación a largo plazo es algo irrelevante, ya que no estaremos presentes cuando finalice la emisión de Bitcoin. Es más conveniente especular a plazos menores. Pensando entonces a corto plazo, la cuestión es: ¿qué sucederá cuando el Ethereum actualice a su versión 2.0? ¿Cuál será la diferencia entre Bitcoin y Ethereum 2.0?

Después de la actualización, Bitcoin y Ethereum tomarán caminos aún más diferentes. El primero probablemente continúe actuando como reserva de valor, ya que esto es lo que determinó el mercado y, por tanto, podría ser visto como una *commodity*, similar al oro. El segundo se centrará en la modularidad a partir de la cual se construirán protocolos descentralizados de gran utilidad, que podrían llegar a tener mucho valor en función del número de usuarios (ley de Metcalfe). De esta manera, el Ether2.0 podría verse como algo híbrido. Por un lado, el Ether bloqueado en *staking* actuaría como una *debt security*. En cambio, el Ether libre actuaría como una *commodity* y también como una *equity security*, equivalente a la acción de una empresa, una empresa diferente; una empresa descentralizada con la capacidad de que otros protocolos utilicen sus servicios.

Desde otro punto de vista, podríamos resumir de forma rutinaria que nuestra cartera de Bitcoin actuaría como nuestra propia caja fuerte virtual, donde almacenar esa forma de oro digital. En cambio, nuestra cartera Web3, con nuestro Ether, sería como nuestro propio banco virtual. Y todo siempre a nuestra entera disposición y bajo nuestro entero control.

El síndrome de Estocolmo estatal

"No hay obstáculos imposibles; apenas voluntades débiles y fuertes. Solo eso." Júlio Verne

Después de casi haber completado este libro, el lector puede ser llevado a pensar que el camino hacia la descentralización es rápido y fácil. Pero no, no es ni rápido ni fácil. Desafortunadamente, la mayoría de la gente no podrá o no estará dispuesta a dar ese salto. La razón está en que para abrazar la descentralización el usuario tendrá que gastar sus recursos limitados, su tiempo y/o su dinero, para convertirse en una entidad financieramente independiente. Tal movimiento implica una gran fricción, ya que el usuario debe salir de su zona de confort para mejorar sus conocimientos en aspectos como informática, tecnología o seguridad de la información. Entonces no será algo rápido.

Muchos de nosotros ni siquiera estamos preparados para esa independencia. De hecho, puede parecer un salto al vacío. Nuestra dependencia del Estado, nuestro apego psicológico, nuestra fe en él se ha vuelto tan grande que, naturalmente, somos llevados a creer que confiar en él es, y siempre será, nuestra mejor opción. Esta dependencia emocional con nuestro agresor es lo que se conoce en psicología como síndrome de Estocolmo. Por lo tanto, librarnos de ese vínculo tampoco será fácil.

En este sentido, y a pesar de tener en nuestras manos la carta de libertad, la pregunta es: ¿estamos realmente preparados para dar ese paso y adoptar la descentralización? Ese salto implica que no habrá papá ni mamá a quien llorar si algo sale mal. ¿Nuestra sociedad se ha vuelto realmente adolescente o seguimos dependiendo de políticos "protectores" como si estos fueran nuestros verdaderos padres?

A lo largo de este libro, probablemente he sido algo categórico al culpar a nuestros líderes por tanta intervención económica y por todos los problemas que eso conlleva, pero ¿será que mi posición era correcta? Como cualquier otra unidad económica, nuestros dirigentes también son una especie perfectamente adaptada a su entorno. Entonces, ¿quién está realmente equivocado? ¿Ellos, por intervenir cada vez más en la economía, o nosotros por ignorar y permitir tales intervenciones?

Mientras estas preguntas sigan abiertas, por desgracia, la generación actual probablemente no esté preparada para dar el salto hacia la descentralización. Quién sabe, las generaciones futuras ...

El futuro del dinero programable

"Si verdaderamente amas la Naturaleza, verás belleza por doquier." Vincent Van Gogh

La belleza del libre mercado ha vuelto a traer una gran innovación, el Bitcoin, gracias al cual otras plataformas como Ethereum han podido aprovechar el potencial que ofrece la descentralización para crear algo que cambiará por completo el futuro de las finanzas.

La descentralización de las finanzas eliminará de una vez por todas la figura de los intermediarios, y esto afectará a muchos individuos que probablemente acabarán perdiendo sus puestos de trabajo al volverse ineficientes para el mercado. Estos serán los *trade-offs* asociados a toda innovación. Esa pérdida de puestos de trabajo, quizás masiva, podría conducir a grandes conflictos sociales y esto nunca es del agrado de nuestros gobernantes. Por lo tanto, es probable que los gobiernos prohíban o persigan el uso de criptomonedas, sobre todo porque ellos mismos también están amenazados al ser los mayores intermediarios que existen. Esta será la primera batalla importante que la innovación de las criptomonedas tendrá que enfrentar.

Sin embargo, no es fácil prohibir el uso de las criptomonedas, ya que para que eso no resta otra opción que controlar la comunicación entre individuos, algo difícil de llevar a cabo. Por otra parte, no todos los países estarían de acuerdo en prohibir las criptomonedas, pues el país que se convirtiese en anfitrión tendría una clara ventaja competitiva frente a los prohibidores. La propia competencia natural de los países hará que tarde o temprano, para no quedar atrasados tecnológicamente, estos tengan que adoptar esa tecnología. Esa posible coyuntura creará un entorno único, como nunca antes se habrá visto en la historia, donde las personas vuelvan a ser libres a la hora de realizar sus intercambios voluntarios.

Aquí nuevamente está la belleza de la Naturaleza, particularmente en lo que respecta las interacciones entre individuos a través de lo que hemos llamado economía. De nada sirve luchar contra el proceso natural y espontáneo de auto-organización, ya que la Naturaleza es infinitamente más sabia e implacable que cualquier gerente económico. No hay arquitectos que se atrevan a desafiarla. Lo más sensato y ventajoso, por tanto, es unirse a ella en vez de ir en su contra. Que así sea, entonces. **¡Sea bienvenida la economía 3.0!**

BIBLIOGRAFIA

- A ECONOMIA DO INTERVENCIONISMO: Mises Brasil: Fabio Barbieri
  https://www.mises.org.br/Ebook.aspx?id=119

- A HISTORY OF MONEY: FROM ANCIENT TIMES TO THE PRESENT DAY: Glyn Davies: 9780708317174: Amazon.com: Books
  https://www.amazon.com/History-Money-Ancient-Times-Present/dp/0708317170/ref=sr_1_26?-dchild=1&keywords=history+of+money&qi-d=1604249050&sr=8-26

- A GRANDE DEPRESSÃO AMERICANA: Mises Brasil: Murray N. Rothbard
  https://www.mises.org.br/Ebook.aspx?id=122

- A LEI: Mises Brasil: Frédéric Bastiat
  https://www.mises.org.br/Ebook.aspx?id=115

- A TRAGÉDIA DO EURO (Portuguese Edition): Philipp Bagus: 9789896940225: Amazon.com: Books
  https://www.amazon.com/Tragédia-do-Euro-Portuguese/dp/9896940223/ref=sr_1_1?d-child=1&keywords=a+tragedia+do+euro&qi-d=1604247548&sr=8-1

- DESESTATIZAÇÃO DO DINHEIRO (Portuguese Edition) eBook: Hayek, F.A.: Amazon.com: Books
  https://www.amazon.com/Desestatização-do-dinhei-ro-Portuguese-Hayek-ebook/dp/B078J5BKDK/ref=s-r_1_2?dchild=1&keywords=desestatização+do+din-

heiro&qid=1604247944&s=books&sr=1-2

- FIAT PAPER MONEY: THE HISTORY AND EVO-
LUTION OF OUR CURRENCY eBook: Foster, Ralph,
Myslin, Paul: Amazon.com: Kindle Store
https://www.amazon.com/Fiat-Paper-Money-Evo-
lution-Currency-ebook/dp/B07MJY5C2H/ref=s-
r_1_24?dchild=1&keywords=history+of+money&qi-
d=1604249050&sr=8-24

- SOCIAL PSYCHOLOGY (Fifth Edition)
(9780393667707): Gilovich, Tom, Keltner, Dacher,
Chen, Serena, Nisbett, Richard E.: Amazon.com: Books
https://www.amazon.com/Social-Psychology-Fif-
th-Tom-Gilovich/dp/0393667707/ref=sr_1_1?cri-
d=X7RDRLXGIMVA&dchild=1&keywords=so-
cial+psychology&qid=1604248118&s=books&spre-
fix=social+ps%2Cstripbooks-intl-ship%2C259&sr=1-1

- THE ENIGMA OF MONEY: GOLD, CENTRAL
BANKNOTES, AND BITCOIN eBook: Nishibe,
Makoto: Amazon.com: Books
https://www.amazon.com/Enigma-Money-Cen-
tral-Banknotes-Bitcoin-ebook/dp/B01MQ4GY08/re-
f=sr_1_1?dchild=1&keywords=The+Enigma+of+Mo-
ney+Gold&qid=1604248005&s=books&sr=1-1

- THE EVOLUTION OF COOPERATION: Revised
Edition (9780465005642): Robert Axelrod, Richard
Dawkins: Amazon.com: Books
https://www.amazon.com/Evolution-Coopera-
tion-Revised-Robert-Axelrod/dp/0465005640/
ref=sr_1_1?crid=2AB6ZL3YFF3V3&dchil-
d=1&keywords=the+evolution+of+cooperation&-

qid=1604248547&sprefix=the+evolution+of+coo-pe%2Caps%2C346&sr=8-1

- THE INTERNET OF MONEY (Audible Audio Edition): Andreas M. Antonopoulos, Stephanie Murphy, Merkle Bloom LLC: Amazon.com: Audible Audiobooks
  https://www.amazon.com/The-Internet-of-Money-audiobook/dp/B071KX8WP8/ref=sr_1_4?crid=AKI89B-YOPS46&dchild=1&keywords=mastering+bitcoin&qid=1604248930&s=audible&sprefix=mastering+bitcoin%2Caudible%2C234&sr=1-4

- THE WEB OF DEBT: THE SHOCKING TRUTH ABOUT OUR MONEY SYSTEM AND HOW WE CAN BREAK FREE (Audible Audio Edition): Ellen Hodgson Brown, Justin M. Grant, Fortuna Asset Management: Amazon.com: Audible Audiobooks
  https://www.amazon.com/The-Web-of-Debt-Ellen-Hodgson-Brown-audio/dp/B07D4NQ2W9/ref=sr_1_1?dchild=1&keywords=web+of+debt&qid=1604247319&sr=8-1

- ANIMAL SPIRITS: HOW HUMAN PSYCHOLOGY DRIVES THE ECONOMY, AND WHY IT MATTERS FOR GLOBAL CAPITALISM: Akerlof, George A., Shiller, Robert J.: 9780691145921: Amazon.com: Books
  https://www.amazon.com/Animal-Spirits-Psychology-Economy-Capitalism/dp/069114592X/ref=sr_1_1?dchild=1&keywords=animal+spirits&qid=1604247516&sr=8-1

- BITCOIN FOR DUMMIES: Prypto: 9781119076131: Amazon.com: Books

https://www.amazon.com/Bitcoin-Dummies-Prypto/
dp/1119076137/ref=sr_1_1?dchild=1&keywords=-
bitcoin+for+dummies&qid=1604247872&s=-
books&sr=1-1

- ECONOMICS (Fourth Edition): Stiglitz, Joseph E.,
  Walsh, Carl E.: 9780393168174: Amazon.com: Books
  https://www.amazon.com/Economics-Fourth-Jo-
  seph-Stiglitz/dp/0393168174

- ETHEREUM: COMPLETE GUIDE TO UNDERS-
  TANDING ETHEREUM, BLOCKCHAIN, SMART
  CONTRACTS, ICOS, AND DECENTRALIZED
  APPS. Includes guides on buying Ether, Cryptocu-
  rrencies ... and Investing in ICOs. (English Edition) -
  eBooks em Inglês na Amazon.com.br
  https://www.amazon.com.br/Ethereum-Unders-
  tanding-Blockchain-Decentralized-Cryptocurren-
  cies-ebook/dp/B078683DXR/ref=sr_1_6?__mk_pt_
  BR=ÅMÅŽÕÑ&dchild=1&keywords=ethereum&qi-
  d=1604249447&sr=8-6

- HOW NATURE WORKS: THE SCIENCE OF
  SELF-ORGANIZED CRITICALITY: Bak, Per:
  9780387987385: Amazon.com: Books
  https://www.amazon.com/How-Nature-Works-self-or-
  ganized-criticality/dp/038798738X/ref=sr_1_1?cri-
  d=3VPVA9PJ8I62G&dchild=1&keywords=how+na-
  ture+works&qid=1604248196&sprefix=how+natu-
  re+%2Cstripbooks-intl-ship%2C264&sr=8-1

- HUMAN ACTION: The Scholar's Edition: Ludwig von
  Mises: 9781610161459: Amazon.com: Books
  https://www.amazon.com/Human-Action-Lud-

wig-von-Mises/dp/1610161459/ref=sr_1_1?dchild=1&keywords=human+action&qid=1604247821&s=books&sr=1-1

- IRRATIONAL EXUBERANCE: Revised and Expanded Third Edition: Shiller, Robert J.: 9780691173122: Amazon.com: Books
https://www.amazon.com/Irrational-Exuberance-Revised-Expanded-Third/dp/0691173125/ref=sr_1_1?crid=5NXTF3JJH6H1&dchild=1&keywords=irrational+exuberance&qid=1604247755&s=books&sprefix=irrational+%2Cstripbooks-intl-ship%2C248&sr=1-1

- MASTERING ETHEREUM: BUILDING SMART CONTRACTS AND DAPPS : Amazon.com.br
https://www.amazon.com.br/Mastering-Ethereum-Andreas-Antonopoulos/dp/1491971940/ref=sr_1_1?__mk_pt_BR=ÅMÅŽÕÑ&dchild=1&keywords=ethereum&qid=1604249426&sr=8-1

- MONEY, BANK CREDIT, AND ECONOMIC CYCLES: Jesus Huerta de Soto: 9781933550398: Amazon.com: Books
https://www.amazon.com/Money-Bank-Credit-Economic-Cycles/dp/1933550392/ref=sr_1_1?dchild=1&keywords=Money%2C+Bank+Credit%2C+and+Economic+Cycles&qid=1604247730&s=books&sr=1-1

- PRINCIPLES OF ECONOMICS: 9781305585126: Economics Books @ Amazon.com
https://www.amazon.com/Principles-Economics-N-Gregory-Mankiw/dp/1305585127/

ref=sr_1_2?crid=6YEA3IOGWPV6&dchild=1&keywords=principles+of+economics&qid=1604247689&s=books&sprefix=principles+of+econom%2Cstripbooks-intl-ship%2C372&sr=1-2

- THE BITCOIN BIG BANG: HOW ALTERNATIVE CURRENCIES ARE ABOUT TO CHANGE THE WORLD: Kelly, Brian: 9781118963661: Amazon.com: Books https://www.amazon.com/Bitcoin-Big-Bang-Alternative-Currencies/dp/1118963660/ref=sr_1_1?dchild=1&keywords=bitcoin+big+bang&qid=1604247968&s=books&sr=1-1

- THE CREATURE FROM JEKYLL ISLAND: A SECOND LOOK AT THE FEDERAL RESERVE: G. Edward Griffin: 9780912986456: Amazon.com: Books https://www.amazon.com/Creature-Jekyll-Island-Federal-Reserve/dp/091298645X/ref=sr_1_2?dchild=1&keywords=web+of+debt&qid=1604247360&sr=8-2

- THE DEATH OF MONEY: THE COMING COLLAPSE OF THE INTERNATIONAL MONETARY SYSTEM: Rickards, James: 8601419345519: Amazon.com: Books https://www.amazon.com/Death-Money-Collapse-International-Monetary/dp/1591846706/ref=sr_1_1?dchild=1&keywords=The+Death+of+Money&qid=1604247477&sr=8-1

- THE ECONOMY AS AN EVOLVING COMPLEX SYSTEM II (Santa Fe Institute): 9780367091163: Economics Books @ Amazon.com https://www.amazon.com/Economy-Evolving-Complex-System-Institute/dp/036709116X

- THE HISTORY OF MONEY: Jack Weatherford: 9780609801727: Amazon.com: Books
  https://www.amazon.com/History-Money-Jack-Weatherford/dp/0609801724/ref=sr_1_2?dchild=1&keywords=history+of+money&qid=1604248992&sr=8-2

- THE SELF ORGANIZING ECONOMY: 9781557866981: Economics Books @ Amazon.com
  https://www.amazon.com/Self-Organizing-Economy-Paul-Krugman/dp/1557866988/ref=sr_1_1?crid=2GGOI08Y07JUC&dchild=1&keywords=self+organizing+economy&qid=1604247421&sprefix=The+-Self-Organizing+Economy%2Caps%2C695&sr=8-1

- WHAT HAS GOVERNMENT DONE TO OUR MONEY?: Rothbard, Murray N.: 9781610166454: Amazon.com: Books
  https://www.amazon.com/What-Has-Government-Done-Money/dp/1610166450/ref=sr_1_1?crid=3EDPULBE86NCE&dchild=1&keywords=what+has+government+done+to+our+money&qid=1604247264&sprefix=what+has+go%2Cstripbooks-intl-ship%2C245&sr=8-1

- WHEN MONEY DIES: THE NIGHTMARE OF DEFICIT SPENDING, DEVALUATION, AND HYPER INFLATION IN WEIMAR GERMANY: Fergusson, Adam: 9781586489946: Amazon.com: Books
  https://www.amazon.com/When-Money-Dies-Devaluation-Hyperinflation/dp/1586489941/ref=s-

r_1_15?dchild=1&keywords=history+of+money&qi-
d=1604249050&sr=8-15

9 798712 398577